사춘기를 단번에 날려버리는
엄마의 코치력

사춘기를 단번에 날려버리는

엄마의 코치력

신정이 지음

W미디어

CONTENTS

인생의 첫겨울을 맞이한 아이

사춘기 아이를 둔 엄마들은 하나같이 마음이 무너져 내리는 고통을 호소한다. 비록 몸은 힘들었지만 차라리 젖먹이일 때가 훨씬 나았다는 생각이 들 정도로 엄마들은 많이 힘겹다. 눈웃음 한 번으로 피곤함을 싹 씻어주던, 사랑스럽기만 하던 내 아이는 사라져버리고 어느 순간 낯선 아이가 되어, 마음의 문을 꼭꼭 걸어 잠근 채 자신의 속마음을 감추려고만 한다.

아이의 이런 갑작스러운 변화에 엄마는 당황스럽기만 하다. 불안한 마음에 엄마가 억지로 그 문을 열려고 하면 아이의 마음은 더 굳건히 닫히고, 깊은 상처만 남기게 될지도 모른다. 그래서 많은 엄마들이 사춘기를 '두렵고 끔찍한 시기'라 하며 더 많은 신경을 쓰는 것 같다.

사실 사춘기는 아이가 어른이 되기 위해 몸과 마음의 골격을 재정비하는 중요한 시기이다. 이때 엄마를 힘들게 하는 불안한 모습을 보이지만, 스스로 무엇인가를 해보려는 자립심과 주변을 도우려는 이타적인 심성도 함께 자라나고 있다. 가만히 생각해보면, 아이의 순수하고 의젓한 행동에 마음이 녹아내렸던 적도 한두 번이 아니지 않은가. 아직 다듬어지지 않은 어린 마음의 근육들이라서 엄마 눈에 잘 띄지 않을 수도 있다. 아이의 반항적인 모습에만 집중하고 있다면 아이의 보석 같은 마음근육을 알아차릴 기회는 갖지 못할 것이다.

한편으로는 아이 역시 우후죽순처럼 자라나는 온갖 마음의 근육들을 어떻게 다루어야 할지 혼란스러운 시기를 보내고 있다. 어떤 때는 천사의 얼굴로 사랑스러움을 선사했다가, 또 어떤 때는 험상궂은 건달 같은 모습으로 엄마의 마음을 위협하기도 한다. 마음의 준비를 한 엄마이지만 아이의 험상궂은 모습을 마주하게 되면 그만 마음의 중심을 잃어버리곤 한다. 그래서 사춘기가 지나가는 길에는 아이가 밉고 서운해지는 순간이 몇 번쯤은 찾아오게 마련이다.

정도의 차이는 있겠지만, 아이는 지극히 정상적인 성장 과정을 지나고 있다. 아이의 사춘기를 경이로운 시선으로 바라보면 예쁜 마음의 근육들이 자라나고 있는 것이 보일 것이다. 때때로 아이가 험상궂고 마음에 들지 않는 행동을 하더라도 아이 스스로 마음근육을 조절해나가는 성장의 한 과정임을 기억하자.

나는 사춘기를 '아이 인생의 첫겨울'이라고 말하고 싶다. 이 시기를 지나는 아이는 추운 겨울을 맞이한 나무와 같다. 잎을 모두 떨어뜨려버린 겨울나무는 성장을 멈춘 것처럼 앙상한 가지만을 남겨두었지만, 땅 속 뿌리에서는 봄 새순을 틔우기 위한 쉼 없는 활동을 계속하고 있다. 겨울 동안 충분히 양분을 저장한 나무는 봄이 되어 예쁜 새순을 틔워낼 것이다.

우리 아이들도 인생의 첫겨울을 맞이하여 앙상한 겨울나무가 되었다. 잎을 떨군 나무가 매서운 추위를 이겨내고 봄을 준비하듯이 사춘기 아이들 역시 어른이 되기 위해 마음 깊은 곳에서 자신의 존재를 확인하려는 몸부림을 시작한다. 자신이 누구인지, 어떤 꿈을 갖고 싶은지 자신을 찾아 탈바꿈하는 시기를 맞이한 것이다.

하지만 겨울나무에는 아무리 물을 주어도 잎이 돋아나지 않는다. 따뜻한 봄이 돼야 비로소 움켜쥔 꽃눈잎눈 다투어 내밀고 여름에 무성하게 자란다. 마찬가지로, 아무런 준비 없이 아이의 사춘기를 맞이하는 것은 대책 없이 겨울 폭풍을 맞는 것과 같다. 겨울나무에 물과 양분을 주려고 애쓰지만, 그 영향은 미미할 뿐이다. 봄이 오기만을 손꼽아 기다리며 춥고 힘들게 아이의 사춘기를 보낼 수밖에 없다.

아이의 사춘기가 오기 전에 엄마는 미리 코치력을 준비해야 한다. 엄마의 코치력으로 마음근육을 키워온 아이들은 추운 사춘기 속에서도 마음의 영양분을 축적할 수 있다. 아이는 코치가 된 엄마와 함께 인생의 첫겨울을 거뜬히 이겨내고, 자신만의 아름다운 꽃을 피워낼 것이다.

인생의 첫겨울을 맞이한 아이에게 어떤 엄마로 아이 곁에 있고 싶은가? 아이의 변화에 쩔쩔매고 아이의 감정에 휘둘리며 힘겹게 보낼 것인가, 아니면 아이의 변화를 긍정적으로 받아들이면서 효율적으로 돕는 엄마가 될 것인가? 이제 우리는 인생의 봄을 준비하고 있는 아이를 어떤 마음과 태도로 맞이해야 할지 결정할 때가 되었다.

코치력은 우리가 새로운 엄마 역할을 할 수 있도록 도와줄 것이다. 아이의 사춘기를 자연스럽게 받아들이고, 아이를 좀 더 효율적으로 도울 수 있는 방법을 제시해줄 것이다. 엄마가 코치엄마의 역할을 맡게 된다면 아이는 더 이상 집 밖에서 방황하거나 헤매지 않을 것이며, 엄마에게 마음을 열고 고민을 털어놓을 것이다. 이제 당신은 아이의 가능성에 집중하고, 아이가 주도적이고 독립적인 사람으로 성장하도록 돕는 탁월한 길을 선택한 것이다.

나는 우리 아이의 사춘기를 제대로 준비하지 못했다. 아이의 사춘기를 제대로 이해하지 못했고, 효율적으로 도울 수 있는 힘도 가지고 있지 않았던 것이다. 아이 인생에 마음대로 개입하면서 주도적인 아이가 되어주기를 바라는 오류를 범하기도 했다. 그러다가 인생의 첫겨울을 맞이한 큰아이와 함께 혹독한 겨울 폭풍을 온몸으로 맞닥뜨려야 했던 것이다. 절박한 심정으로 아이와의 관계를 연결할 새로운 방법을 찾아 나섰던 나는 감사하게도 코칭이라는 따뜻한 품을 만날 수 있었다.

비록 조금 늦긴 했으나 나는 과감하게 코치엄마라는 새로운 역할에 도전했다. 그리고 그 도전은 새로운 엄마 역할을 넘어서서 감히 상상도 하지 못할 삶의 귀한 보석들을 갖게 해주었다. 아이 인생 곁에서 그들의 멋진 코치로 살아갈 내 미래의 모습도 미리 선물 받게 되었다.

나는 아이의 사춘기가 나를 어른 되게 했음을 고백한다. 그러나 어른 된 마음을 깨닫기까지 사춘기를 지나는 아이와 내가 치른 대가는 만만치 않았다. 지금 아이를 키우는 엄마들은 결코 그러한 아픔을 겪지 않았으면 하는 절절한 마음을 책에 담았다.

이 책을 읽는 엄마라면 당신은 이미 코치이다. 아마도 당신은 아이의 사춘기를 잘 넘기고, 아이와 좋은 관계를 맺기 원하는 마음으로 이 책을 펼쳤을 것이다. 아이를 향한 충만한 사랑의 에너지가 이 책을 끌어당겼으리라고 믿는다.

이 책에서 소개한 내용을 하나씩 적용하다 보면 아이를 새로운 시선으로 바라보게 될 것이다. 아울러 자신의 내면에 놀랍도록 탁월한 코치력이 있음을 알게 될 것이다. 그리고 아이의 잠재력을 발견하게 되면 더욱 놀랄 것이다. 코치엄마가 된 당신이 아이의 사춘기를 거뜬히 넘어서고, 꿈을 향해 나아가는 아이의 모습을 가슴 벅차게 바라볼 수 있기를 간절히 바란다.

마지막으로, 내게 코칭을 만날 엄청난 계기를 마련해준 큰아이와 이 책을 쓸 수 있도록 마중물해준 작은아이에게 사랑의 마음을 전한다. 그리고 코칭 에너지를 나누며 코칭 문화를 알리는데 힘써 주고 있는 포드코칭연구소[FDCC]의 김민철, 박혜현, 최혜연, 강순이, 박태성, 신광수, 권준범, 이채원 코치님의 응원에 감사의 인사를 드린다.

CHAPTER 1

사춘기를 거뜬히
넘기고 싶은 엄마에게

코치력은 사춘기의
탁월한 처방전

1. 소통불능_ 사랑스럽던 내 아이는 어디로 갔을까?

거실 커튼을 젖히자 왈칵 햇볕이 쏟아져 들어왔다. 빛나는 햇살을 비집고 상큼한 바람이 얼굴을 스치고 지나갔다. 햇살과 바람의 느낌! 코끝이 찡하도록 감사한 마음이 차올라오는 것은 무엇 때문일까?

밤새 뒤척이다가 동이 틀 무렵에야 살짝 잠이 들었다. 하루 결근해야겠다는 마음을 먹고 나니 그동안 알게 모르게 마음에 쌓여 있던 울음이 펑펑 쏟아졌다. 며칠 동안 아이 때문에 학교에 왔다 갔다 하면서 속앓이를 하느라 마음고통이 심했던 탓이다. 아이 앞에서야 태연한 척 했지만 나도 난생 처음 겪어보는 아이의 사춘기라 마음은 거의 만신창이가 된 것 같았다. 겨우 마음을 추스르고 거실로 나오던 순간! 어떤 일이 있건 늘 내 곁에 존재하고 있는 햇살과 바람이 그렇게 가슴 뭉클하게 느껴질 수가 없었다.

사랑스럽던 내 아이는 어디로 갔을까?

우리 큰아이는 중학교 졸업할 때까지 그 흔한 말썽 한 번 부리지 않고, 엄마가 하고자 하는 대로 너무나 잘 따라와 주었다. 나도 아이를 잘 이해하고, 아이의 입장을 배려하는 참 좋은 엄마라고 자부했었다. 나는 아이가 변함없이 사랑스런 모습으로 있어 줄 거라고 생각했다. 어리석게도 나는 아이의 마음을 다 안다고, 다 가졌다고 착각하고 살았던 것이다.

그런 나를 놀리기라도 하듯 고등학교에 입학한 아이는 몰라보게 달라져 있었다. 늦은 귀가시간에 대해 물어보기라도 하면 "친구들과 있었어요"라고 굵고 짧게 말해버리곤 했다. 말수도 현저히 줄었다. 아이와 통 얘기를 나눌 수 없으니 나는 답답하고 서운하고 화가 치솟기도 했다. 다른 사람들이 사용하는 말이라고 생각했던 '소통 단절'이 큰아이와 내게 사용되리라고는 꿈에도 생각지 못했다.

결국 나의 인내심이 바닥났다. "너 도대체 왜 그러는 거야?"라는 말이라도 던지면 "엄마는 몰라도 돼요. 신경 쓰지 마세요"라는 말이 돌아왔다. 덩치도 커진 아이가 화를 머금고 엄마를 쳐다보는 눈빛에는 뭐라 표현할 수 없는 냉랭한 기운이 전해져왔다. 내 아이였지만 참 낯설고 어색했고, 내 마음을 아프게 했다.

담장을 따라 빨간 장미가 흐드러지게 피어나던 5월 어느 날. 그 날도 아이는 자정을 훌쩍 넘겨 집에 들어왔다. 그리고 나에게 충격적인 말을 던졌다.

　"내일 학교에서 결투가 벌어질 거니까, 마음 준비하고 있으세요."

　마음은 쿵쾅거리는데, 어찌된 영문인지 더 이상 이야기해주지 않은 채 아이는 방문을 굳게 잠가 버렸다. 마른하늘에 날벼락을 맞은 것 같은 충격에 나는 안절부절 못했다. 거의 뜬 눈으로 밤을 새우고 부랴부랴 선생님에게 도움을 요청했다.

　오전 11시경, 결국 나는 교복이 피투성이가 된 채 병원 침대에 걸터앉아 있는 아이와 마주했다. 입술이 터지고 한 쪽 눈이 퉁퉁 부어오른 아이의 얼굴은 말할 수 없을 정도로 일그러져 있었다. 내 마음은 주체할 수 없을 정도로 흔들렸다. 그러나 더 크게 다치지 않은 것에 감사하며 마음을 다독였다.

　병원 치료와 학교의 행정적인 절차를 처리하느라 며칠을 정신없이 보냈다. 겨우 정신을 차리고 나서야 아이에게 일어난 이 일을 어떻게 받아들여야 될지 찬찬히 생각해볼 수 있었다. '그래, 그럴 수도 있어'라며 의연하게 받아들이려고 해도 이 상황이 너무나 절망스러웠다. 그렇게 다정하고 사랑스럽던 아이는 도대체 어디로 가버린 것일까? 게다가 지속적으로 내게 쏟아지던 아이의 낯선 눈빛과 일련의 사건들은 폭풍우가 몰아치기 전에 미리 불어오는 그저 미풍에 지나지 않았다는 것을 그 때는 미처 알지 못했다.

그동안 잊고 있었던 것

내가 거실에서 울음을 쏟아냈던 그 날, 햇살과 바람은 힘들었던 내 마음을 어루만져 주었다. 그리고 거실 책꽂이에 빼곡히 꽂혀 있는 앨범으로 나를 안내해주었다. 낡은 앨범을 통해 나는 아이가 처음 세상에 나왔던 그 시간 속으로 들어갈 수 있었다. 뱃속 모습이 담긴 태아 초음파 사진과 갓 태어나 아기침대에 눕혀진 2.5kg밖에 안 된 아이의 가녀린 모습이 마음을 짠하게 했다. 나를 통해 생명이 태어나는 것에 얼마나 감격했는지, 손과 발과 다리가 모두 건강하게 태어나준 것에 대해 얼마나 감사했는지 그동안 잊고 살았던 것이다.

아이가 아장아장 첫걸음을 연습할 때의 모습과, 유치원에서 보내온 삐뚤삐뚤한 첫 편지글의 감동들이 새록새록 마음을 지나갔다. 초등학교 입학식 날 함께 점심을 먹었던 패밀리 레스토랑에서의 모습도 있었다. 사진 속 장난기 가득한 아이의 눈빛은 나를 보며 사랑스런 미소를 보내고 있었다. 다리에 깁스를 하고 휠체어에 타고 있는 사진은 더욱 깊은 감사한 마음을 갖게 했다. 초등학교에 입학하고 얼마 안 되어 아이의 왼쪽 발 위로 스타렉스 차가 지나가는 큰 교통사고가 있었다. 담당의사는 아이의 발목 성장판이 모두 부서져 왼쪽다리가 잘 자라지 못할 수도 있다고 했다. 하늘이 무너지는 느낌이 그런 것이었을까! 나는 간절히 소망했다. 잘 걷게만 해달라고 빌고 또 빌었다. 감사하게도 아이는 건강한 모습으로 지금 내 곁에 있다. 잠시 잊고 있었지만 아이가 커가는 과정에 이렇게 수많은 감사의 순간이 있었던 것이다.

햇살과 바람이 늘 곁에 있기에 감사함을 잊고 지내는 것처럼, 아이가 내 곁에 건강하게 존재하고 있다는 것이 너무나 당연한 것이어서 그 감사함을 인식하지 못하고 있었다. 아이는 어린 모습으로 내게 와서 지금까지 얼마나 큰 기쁨과 행복을 가져다주었는가! 아이는 이미 존재 그 자체로 나에게 모든 것을 준 것이다.

비단 나만이 아니라, 이 세상의 모든 엄마들이 아이를 낳고서 얼마나 감격하고 기뻐했을까! 아마도 아이가 자라는 동안 함께 했을 웃음과 기쁨, 아픔과 눈물의 사연들을 가슴에 한 보따리씩 간직하고 있을 것이다. 아이가 자라면서 남들보다 좀 더 앞서나가고, 잘하는 면이 있으면 엄마로서 그렇게 기쁠 수가 없다. 그렇게 엄마의 소망은 아이가 자랄수록 점점 커져 간다. 소망의 크기만큼 엄마는 아이에게 더 많은 정성과 노력을 기울이게 된다.

아이가 영원히 엄마의 아낌없는 사랑과 헌신을 있는 그대로 받아들이며 따라와 주면 얼마나 좋을까! 하지만 아이는 때가 되면 엄마 품을 벗어나려는 거센 움직임을 시작한다. 바로 아이의 사춘기다. 사춘기는 엄마의 사랑과 아이의 심리적 독립이 교차하는 지점이다. 그동안 사랑이라는 이름으로 쉼 없이 달려온 마음을 잠시 뉘고, 이제 존재만으로도 감사한 내 아이를 새롭게 봐야 할 시간이 되었다.

엄마의 코치력으로 사랑스런 아이를 늘 곁에 두라

아이가 초등학교 저학년일 때는 엄마가 하자고 하는 일이 마음에 들지 않아도 일단 따라와 준다. 어리다보니 왜 해야 하는지는 몰라도 엄마가 하자고 하니까 그런 줄 안다. 엄마는 자신의 말이라면 기꺼이 따라와 주는 아이가 귀엽고 사랑스럽기만 하다. 아이가 언제까지나 그런 모습으로 성장할 거라고 믿어 의심치 않는다. 그러나 단 1%라도 아이의 자발적인 마음이 반영된 것이 아니라면 현재 아이가 아무리 잘 따라와 주고 있어도 어느 시기가 되면 브레이크가 걸릴 수밖에 없다. 언제까지 엄마의 방식대로 키우는 것이 가능하다고 생각하는가!

엄마의 소망이 아이의 소망을 반영한 게 아니라면 아이는 그것에 정면으로 맞서는 행동을 서슴없이 하게 된다. 어느 날 갑자기 아이가 학교를 가지 않겠다고 할 수도 있다. 집을 나가겠다고 폭탄선언을 할 수 있고, 감정이 격해져 누군가에게 폭력을 가할 수도 있다. 이제 막 자라나기 시작한 마음근육을 제대로 조절하지 못하기 때문이다.

사춘기 아이들은 자신이 엄마에게 심한 말과 행동을 했음에도 엄마가 여전히 자신에게 친절하게 대해주기를 기대한다. 결코 엄마와의 관계가 끊어지는 것을 원하지 않으며, 오히려 엄마에게 더 많은 것을 요구하곤 한다. 엄마가 언제까지나 인정과 존중, 친절을 베풀어주길 바라는 것이다. 때때로 어처구니없는 요청을 하는 아이를 보면 내 배 아파 낳은 아이가 맞나 하는 생각이 들 정도다.

우리는 언제까지나 아이가 따뜻한 품 안에서 사랑스러운 모습으로 있을 것 같지만, 눈 깜짝할 사이에 아이는 사춘기를 맞이한다. 아이가 성장하는 시기를 맞이한 만큼 엄마의 사랑도 크기와 색깔을 바꾸어야 한다. 아이를 사랑하는 마음은 변함없지만, 지금까지와 다른 새로운 방법으로 아이의 성장을 도와야 하는 것이다. 아이가 엄마 품 안에서 충분히 사랑스런 모습일 때부터 엄마는 아이의 멋진 코치가 될 준비를 해야 한다. 엄마가 탁월한 코치가 되어 아이의 성장을 돕는다면 아이는 사춘기에도 여전히 사랑스러운 모습으로 엄마 곁에 있을 것이다.

2. 격한 감정_속마음을 털어놓는 통로가 되라

정신의학과 전문의 하지현 박사의 칼럼에 보면 사춘기 아이들의 몸과 마음을 자동차에 비유한 이야기가 나온다. 차체는 아직 경차 정도로 작은 크기인데, 이 차에 중형차의 큰 엔진을 단 것 같다는 것이다. 엔진은 너무 좋으나, 차 전체를 컨트롤 할 수 있는 시스템은 갖추지 못한 것이다. 급발진과 급정차를 하면서 아이 스스로도 순간순간 가슴을 쓸어내리며 곡예를 하기 시작한다. 그러니 그 차를 보고 있는 사람 역시 정신없고 두렵기는 마찬가지다.

아이 자신도 뜻대로 안 되니 힘들고 당황스럽다. 자기 뜻과 다르게 차가 너무 달려 나가버리거나, 멈추려고 했는데 차가 원하는 위치에 서지 않는다. 엄마가 "너 정말 왜 그러는 거니?"라고 묻기라도 하면 "몰라요. 엄만 말해도 몰라요"라며 답답한 대답만 들려줄 뿐이다. 겉으로 드러난 아이의 말과 행동은 불손하기 그지없다. 아이가 덩치도 커지고 목소리가 변하다 보니 엄마는 자칫 아이가 다 자란 것처럼 대할 수도 있다.

이에 대하여 하지현 박사는, 아이가 엄마에게 반항하려고 그러는 것이 아니라 아직 마음에서 일어나는 격한 감정들의 실체를 잘 알지 못하고, 이를 조절할 만큼의 능력이 제대로 발달하지 않았기 때문이라고 한다. 이때 엄마가 아이와 한판 승부하려는 유혹을 내려앉히고 현명하게 잘 대처한다면 아이는 어느새 새로운 엔진의 스포츠카를 운전하는 베스트 드라이버가 되어 있을 것이다.

추억이 된 주먹자국

한 번 흔들리는 모습을 보여준 우리 큰아이는 이제 복장마저 달라지기 시작했다. 교복바지는 스키니 바지처럼 타이트하게 줄여 입었고, 셔츠는 벨트 선을 기준으로 짧게 수선했다. 더 이상 나에게 순수하게 웃어주던 아이가 아니었다. 눈빛과 말투도 예전 같지 않았다. 나는 이러한 상황들이 아이와의 관계를 점점 악화시키지나 않을까 하는 불안감에 마음을 졸였다.

불안한 예감은 곧 현실로 다가왔다. 어느 날, 아이는 또 자정이 넘도록 집에 들어오지 않았다. 핸드폰도 꺼져 있었다. 무슨 사고가 있는 건 아닐까! 불길한 마음을 쓸어내리며 뜬눈으로 밤을 보내는 동안 나는 마음에서 치솟는 분노와 실망감을 다스려야 했다. 걱정과 죄책감도 한몫을 했다. 그러나 그것도 잠시일 뿐, 온갖 감정이 뒤섞인 마음의 끝자락에 다다르니 그저 아이에게 아무 일이 없었으면 좋겠다는 한 가닥 간절한 소망만이 남았다.

새벽녘에 현관문이 열리며 아이가 들어왔다. 초췌한 모습의 아이는 손바닥과 팔뚝에 심한 상처가 나있었다. 밤길을 걷다가 돌에 채여 넘어졌다고 한다. 그 바람에 핸드폰 액정이 나가고, 전화를 받지 못했다는 것이다. 내 소망대로 아이가 아무 일 없이 돌아왔으니 참으로 감사한 일이었다. 적어도 그 때는 그 마음이 전부였다.

하지만 연거푸 아이로부터 강펀치를 맞게 된 나는 마음이 많이 힘들었다. 다시는 이런 일이 일어나지 않았으면 하는 바람으로 저녁에 아이와 대화를 시도했다. 그러나 그것이 또 다른 사건을 불러일으키고 말았다. 나의 낡은 대화 방식은 아이 마음에서 일어나는 격한 감정을 읽어주기에 너무나도 서툴렀던 것이다. 어렸을 때라면 그나마 엄마의 말에 순응했을 법도 하지만, 마음이 일렁이고 있는 사춘기 아이에게는 그만 독이 되어버리고 말았다.

엄마가 하는 말이 모두 옳단다. 그런데 엄마의 말이 하나도 들리지 않는다며 제발 아무 말도 하지 말아 달라고 했다. 아이는 엄마 말을 모두 거부하고 싶고, 어떤 말이든 고분고분 따르고 싶지 않다고 한다. 옳고 그름은 아무런 의미가 없었다. 엄마에게 잔소리를 듣고 있는 자신이 무능하고 무력하게 느껴졌을 수도 있다. 아이는 엄마의 말에 거세게 반응함으로써 상황의 주도권을 가져가 버린 것이다.

"난 아무런 나쁜 짓도 안 한다고요. 그냥 내버려두세요. 제발!"

"핸드폰도 고장 나서 속상한데, 도대체 엄마까지 왜 이러는 거예요?"

아이는 불 같이 분노했고, 벌떡 일어나 뛰쳐나가면서 애꿎은 거실 벽을 주먹으로 날렸다. 벽지가 찢어지면서 벽에는 커다란 주먹 자국이 생기고 말았다. 나는 어젯밤보다 더 심한 강도로 마음 깊숙한 곳에 강펀치를 맞고 말았다.

나의 진심어린 사과

나는 아이에게 완전히 주도권을 빼앗겨버린 것 같았다. 아이의 감정이 흔들리면 내 마음에서는 지진이 일어났다. 나는 아이가 던지는 말 한마디에도 맥없이 나가떨어졌다. 분한 마음인지, 억울한 마음인지, 미안한 마음인지 나 자신도 분간할 수 없었다. 나이만 잔뜩 먹었지 마음은 속 빈 강정처럼 약해빠진 내 자신이 한심스럽기만 했다.

'나는 정말 최선을 다해왔는데, 어쩜 나에게 이런 일이 있을 수 있지?'

'내가 뭘 잘못해왔을까?'

'아이는 이제 어떻게 되는 거지?'

밀려오는 자책과 불안이 나의 목줄을 쥐고 흔드는 것 같았다. 좀 괜찮은 엄마라고 인정받아도 부족할 판에 아이에게 무참히 무너져버리는 자신이 견딜 수 없이 싫었다. 아이보다 엄마가 더 흔들리고 있었으니 어떻게 아이가 안정감을 가질 수 있었을까. 불안에 떨고 있는 내 마음 상태로는 아이를 더 불안하게 할 뿐이었다.

고맙게도 아이는 잠시 뒤에 집으로 들어왔다. 아까와는 달리 순한 모습으로 들어오는 아이의 모습이 어쩌면 그렇게도 안쓰럽게 보였는지 모르겠다. 격한 감정이 가라앉으면서 스스로 과격한 행동을 한 자신이 부끄러웠나보다. 나는 큰 용기를 내어 아이의 방으로 들어갔다. 오로지 아이의 말을 듣기만 하겠다고 결심했다.

"엄마는 네가 많이 걱정된다. 너에게 무슨 일이 있는지 엄마에게 말해 줄 수 있겠니?"

"……"

긴 침묵이 흘렀다.

"아까는 정말 죄송해요. 엄마."

아이는 갑자기 흐느껴 울기 시작했다. 나는 그 날 처음 보았다. 아이가 그렇게 섧게 우는 것을.

그렇게 대화의 물꼬가 트여 시작된 이야기 속에는 지난 날 내가 아이에게 잘못한 일도 들어있었다. 초등학교 5학년 때, 엄마와 함께 수학공부를 하고 있었다고 한다. 자신이 어떤 문제를 여러 번 틀리게 풀자, 엄마가 "이 바보야, 왜 이 문제를 계속 못 풀어?"라고 말하며 꿀밤을 먹였다고 한다. 아이는 그 때 엄마가 너무나 미웠다고 한다. 하지만 엄마에게 어떤 말도 할 수 없었고, 엄마의 꾸중이 당연하다고만 생각했단다.

요즘 들어 부쩍 그 날의 일이 생각난다면서 아이는 다시 흐느끼기 시작했다. 나는 가슴이 쿵 내려앉는 것 같았다. 내가 그런 몹쓸 말과 행동을 하다니! 나의 습관적인 말 한마디와 행동이 아이에게 깊은 상처가 되어 있었을 거라고는 꿈에도 생각하지 못했다. 아이의 마음 깊은 곳에 꾹 눌러앉아 있던 아픈 찌꺼기가 사춘기를 지나면서 마음의 수면 위로 올라온 것이다. 그 외에도 수없이 아이에게 전해졌을 나의 말과 행동들이 스쳐지나갔다. 미안하고 또 미안했다.

그 날 나는 아이에게 그런 아픈 말과 행동을 해서 정말 미안하다고 진심을 담아 사과했다. 연달아 강편치를 맞을 만도 하다. 나름 좋은 엄마라고 스스로 자부해왔는데 그게 아니었다. 나는 아이의 마음을 읽어주지 못했을 뿐더러 아이와 마음의 통로마저 만들어져 있지 않았다. 그 때 내가 코치엄마였다면 마음에 찌꺼기가 남지 않도록 따뜻한 마음의 통로가 되어줄 수 있었을 텐데 말이다. 지금이라도 아이가 기억 저편의 아픈 마음을 풀어낸 것에 대해 감사하게 생각한다. 엄마에게 말로 풀어냈으니 마음이 조금이나마 가벼워지지 않았을까! 거실 한 쪽 벽에 자리 잡은 주먹자국은 지금도 나에게 말 없는 스승이 되어주곤 한다.

　지금 이 순간에도 감정은 무의식 깊은 곳에 남아서 아이의 마음과 행동에 보이지 않는 영향을 미치고 있다. 좋았던 기억은 마음의 자양분이 되지만, 감정이 상한 일이나 마음 아팠던 일은 마음속에서 나쁜 찌꺼기가 되어 두고두고 상처로 남게 된다.

　평소 아이가 어떤 감정을 느끼는지 엄마는 늘 세심하게 지켜봐야 한다. 어떤 마음이 들쑥날쑥 소용돌이치는지 민감하게 관찰해야 한다. 엄마가 아이의 마음과 리듬을 맞추어 마음의 찌꺼기가 흘러갈 수 있는 통로를 열어준다면 아이는 훨씬 안정감 있게 사춘기를 보낼 것이다. 어떤 격한 감정에도 마음을 읽어주는 코치엄마 앞에서 아이는 순한 양처럼 누그러질 것이다.

3. 닫혀버린 마음_ 아이를 이해할 수 있을까?

　'내 아이에 대해 얼마나 알고 있을까!', '내 아이를 얼마나 이해하고 있을까!' 이렇게 스스로에게 질문해보면 무슨 생각이 떠오르는가? 아기 때부터 키웠으니 '나는 아이에 대해 많이 알고 있어'라는 생각이 스쳐지나갈 것이다. 하지만 아이의 말과 행동을 떠올려보면 꼭 그렇지도 않은 것 같다.

　사춘기에 접어들면서 아이는 점점 말수가 줄어들고, 속마음을 얘기하지 않는다. 아이들이 속마음을 말하지 않는 이유는 다양하다. 괜히 말했다가 쓸데없는 소리를 들을까봐, 또는 엄마 걱정 끼치기 싫어서, 엄마는 이해하지 못할 테니까, 엄마와는 말이 통하지 않아서… 이렇다보니 엄마가 아이를 이해할 수 있는 기회는 점점 줄어들 수밖에 없다.

아이를 이해하기 어려운 단서는 또 있다. 사실 아이는 나와 닮았지만, 많은 이유로 다르다. 아이와 살아온 세대도 다르고, 경험도 다르고, 자라온 환경도 다르다. 적어도 20년 이상은 나이 차이가 날 텐데, 세대 차이를 감안하더라도 어떻게 아이의 마음을 다 이해할 수 있을까? 이러한 차이를 무시하고 어른의 기준으로 아이와 대화하려는 순간, 아이의 마음은 꽉 닫혀버리게 된다. 게다가 엄마들은 자기 아이의 모든 것을 다 알고 있다고 착각하기도 한다. 그래서 엄마의 기준으로 아이의 많은 것을 결정해버리곤 한다. 엄마는 아이의 마음의 문이 하나씩 닫혀 가고 있는 줄은 모르고 늘 엄마의 기준이 제일로 보편타당하다고 여기는 것이다.

우리는 모두 다르다

강아지와 고양이는 서로 만나기만 하면 싸운다고 한다. 그 이유는 서로가 서로를 잘 알지 못하고 자기 방식대로만 생각하기 때문이다. 강아지는 멀리서 고양이가 다가오면 반가움의 표현으로 꼬리를 세워 흔든다. 그런데 고양이는 강아지가 꼬리를 세우니까, 화가 나서 자신을 공격하는 것으로 받아들인다. 고양이는 상대를 위협할 때 꼬리를 올리기 때문이다. 한편, 강아지는 상대를 위협하거나 공격을 하려고 할 때는 꼬리를 내린다. 반가워서 꼬리를 세워 흔들었는데, 고양이가 꼬리를 내리며 공격 태세를 취하니까 강아지도 고양이가 화가 난 줄 아는 것이다. 그러니 둘의 대화 방법은 늘 으르렁거릴 수밖에 없는 것이다. 사람처럼 말이라도 할 수 있다면 어느 정도 오해를 풀 수 있지 않았을까. 강아지와 고양이처럼 상대를 자신의 기준으로만 바라본다면 끝내 서로를 이해하지 못하고 갈등만 늘어나게 될 것이다.

사람은 제각기 다양한 성향과 기질을 가지고 태어난다. 그리고 그 성향과 기질은 자라면서 조금씩 발전해나가게 된다. 특히 자신의 정체성을 찾기 시작하는 사춘기 시기에는 자신의 타고난 성향과 기질에 따라 제각각 다른 모습으로 에너지를 표출하기 시작한다. 외향의 에너지를 타고난 아이들은 외부활동을 통해 다양한 친구들과 관계 맺는 것을 선호한다. 반면, 내향의 에너지를 타고난 아이들은 사춘기 시기가 되면 말수부터 현저히 줄어든다. 그리고 '나는 누구인가'에 대한 깊은 사고에 빠져들기도 한다.

이러한 아이들의 모습을 보며 엄마는 "도대체 쟤가 왜 저러는 거지? 나라면 저러지 않을 텐데"라며 답답한 마음을 호소하곤 한다. 나라면 하지 않았을 행동을 아이가 굳이 하는 이유는 아이가 나와 다른 성향과 기질을 가지고 있기 때문이다. 이 세상에 자신과 같은 사람은 한 사람도 없다. 아이가 나와 다른 성향을 가지고 있다는 것을 받아들인다면 아이의 말과 행동에 자극받는 일이 훨씬 줄어든다. 게다가 아이를 이해하는 폭도 커지는 것을 경험할 수 있다. 조금만 더 자세히 관찰하면 아이의 성향과 기질 속에 보석 같은 재능이 숨어있음을 알게 될 것이다.

내 아이는 어떤 선호 경향을 가지고 있을까?

선호 경향이란 여럿 가운데 특별히 가려서 좋아하는 선천적인 심리 경향을 말한다. 각자의 선호 경향을 알게 되면 서로를 이해할 수 있는 폭이 넓어진다. 이곳에서는 MBTI 심리 유형의 8가지 선호 지표를 활용해서 아이의 성향과 기질을 간단히 알아보고자 한다. 내 아이는 어떤 선호 경향을 가지고 있는지, 그동안 무엇 때문에 답답해했는지 조금은 이해할 수 있는 계기가 되었으면 좋겠다. 각 지표에 표시를 해보고 4개의 조합으로 이루어진 MBTI 심리 유형을 알아보자(출처 : 《MBTI Form M 매뉴얼》 김정택, 심혜숙. (주)어세스타).

■ 첫 번째_ 내 아이는 어떤 방향의 에너지를 더 많이 가지고 있을까? (E / I)

E – (외향)	I – (내향)
폭 넓게 친구를 사귀며, 사교적이고 활동적이다 행동하면서 생각하고, 말로 표현하는 것을 좋아한다	깊이 있게 친구 사귀기를 좋아하며, 조용하고 신중하며 생각한 다음에 행동한다 글로 표현하기를 좋아한다

■ 두 번째_ 내 아이는 어떻게 정보를 받아들이기를 선호하는가? (S / N)

S – (감각)	N – (직관)
보고 듣는 등 오감으로 실제 경험하기를 중요시한다 지금 현재에 충실하고, 일을 정확하고 구체적으로 처리하는 것을 좋아한다	오감 및 육감으로 상상하기를 좋아하고 미래의 일에 관심이 많으며, 의미 있는 것을 추구한다 일을 신속하고 빨리 처리하는 것을 좋아한다

■ 세 번째_ 내 아이는 어떻게 결정내리기를 좋아하는가? (T / F)

T – (사고)	F – (감정)
진실과 사실적인 것에 주된 관심이 있다 논리적이고 분석적이며 객관적인 판단을 한다	사람과 관계에 주된 관심을 가진다 상황에 맞추어 과정을 중요시하고 공감적이다

■ 네 번째_ 내 아이는 어떤 생활태도를 선호하는가? (J / P)

J – (판단)	P – (인식)
분명한 목적과 방향이 있으며, 과제의 기한을 지킨다 계획하고 체계적으로 생활하기를 선호한다	목적과 방향이 있지만 변화에 유연하다 상황에 따라 일정을 바꿀 수 있고, 자율적이고 융통성이 있다

사람은 누구나 자신만의 선호 경향을 가지고 태어난다. 예를 들어, 오른손잡이는 오른손을 사용하여 빠르고 정확하고 바르게 글을

적을 수 있다. 그런데 오른손잡이가 왼손으로 글을 쓰면 느리고 서툴고 삐뚤삐뚤하게 적게 된다. 누가 가르치지 않았는데도 오른손잡이는 오른손을 가장 편안하고 능숙하게 사용하도록 태어났다. 그리고 생활하면서 누구나 자기가 편한 쪽을 먼저 사용하려는 경향을 가지고 있다. 그 때 가장 능률이 오르기 때문이다. 오른손을 선호하는 사람에게 왼손으로만 글을 쓰라고 하면 얼마나 힘이 들겠는가? 능률도 오르지 않을 것이다. 반대로, 왼손을 자유롭게 사용하도록 태어난 사람도 이와 마찬가지다.

위의 선호 지표를 통해서 각자 좀 더 선호하는 성향과 기질을 알아볼 수 있다. 첫 번째로, 외향(E)과 내향(I)의 지표는 마음의 에너지 방향을 말한다. 내향(I)의 에너지를 선호하는 아이는 자신의 내면으로 에너지를 집중할 때 가장 편안하다. 주로 조용하고 침착한 편이다. 이런 아이에게 활발한 활동을 권하며 친구를 사귀라고 밖으로 내몬다면 아이는 무척 힘들어할 수도 있다. 반면에 외향(E)의 에너지를 선호하는 아이는 바깥활동을 좋아하며 다양한 친구를 사귀면서 에너지를 얻는다. 활동적이고 쾌활한 편이다. 만약 내향(I)의 엄마가 외향(E)의 아이를 바라본다면 아이가 산만하고 신중하지 못하다고 생각할 수도 있다.

두 번째로, 감각(S)과 직관(N)의 지표는 주변의 정보를 어떤 방법으로 받아들이는가를 말한다. 감각(S)을 선호하는 아이는 구체적이고 실제적인 방법으로 정보를 받아들이기를 선호한다. 반면에 직관

(N)을 선호하는 아이는 가능성과 창의적인 시각으로 세상을 바라본다. 감각(S)의 엄마가 직관(N)의 아이가 하는 뜬구름 잡는 말을 이해하려면 상당한 노력이 필요할 수도 있다. 직관(N)의 아이를 깊이 관찰하면 그 아이의 관심이 머무는 곳에 창의적인 아이디어가 연결되어 있음을 알게 될 것이다.

세 번째로, 사고(T)와 감정(F)의 지표는 받아들인 정보를 어떤 식으로 판단하는가를 말한다. 감정(F)을 선호하는 아이는 수용적이고 공감적이며 관계를 중요시한다. 자신의 주관적인 가치에 따라 상황을 판단하기를 선호한다. 사고(T)를 선호하는 아이는 논리적이며 원칙을 중요시한다. 이성적이고 객관적인 판단하기를 선호한다. 감정(F)의 엄마가 사고(T)를 선호하는 아이와 대화를 할 때면 가슴이 답답해지곤 한다. 이것저것 따지고 든다고 생각되어 욱하는 감정이 차오르기 때문이다.

네 번째로, 판단(J)과 인식(P)의 지표는 생활하는 방식을 말한다. 인식(P)의 아이는 과제나 공부 등을 한꺼번에 몰아서 하는 것을 선호한다. 어떤 상황과 정보를 가능한 한 오랫동안 관찰하면서 유연한 결과를 이끌어낼 수 있기 때문이다. 반면에 판단(J)의 아이는 하고자 하는 일을 계획적으로 차근차근 해나가는 것을 선호한다. 체계적이고 순차적으로 진행하는 활동을 좋아하며 빈틈없이 결과를 만들어낸다. 만약 판단(J)의 선호를 가진 엄마가 인식(P)의 선호를 가진 아이를 바라본다면 어떤 마음이 들까? 아이가 게으름을 피운다고 생각할 수도 있다. 계획을 짜서 오늘 해야 할 일은 꼭 해내기를 기대할 것이다. 판단(J)의 엄마 기대는 자율적인 것을 선호하는 인식(P)의 아이에게 숨 막히는 환경을 선물하는 것과 같다.

이와 같이 아이는 자라면서 엄마의 성향과 기질에 많은 영향을 받게 된다. 어린아이에게 엄마의 영향력은 지대하기 때문이다. 자칫 엄마의 성향에 눌려 아이가 본래 타고난 성향과 기질을 제대로 발달시키지 못할 수도 있음을 늘 유념해야 한다. 특히 자신의 선호 경향을 강하게 표출하기 시작하는 사춘기 시기에는 아이의 성향과 기질에 대한 이해가 매우 절실해진다.

엄마가 이를 잘 이해하지 못하고 수용의 폭이 좁으면 아이와의 갈등은 피할 수 없다. 풀을 좋아하는 소가 고기만을 선호하는 사자에게 계속 풀에 대한 예찬만 늘어놓는다면 어떻겠는가! 소가 아무리 설득하고 권유해도 사자는 절대로 풀을 먹지 않을 것이다. 먹는 시늉은 할지 몰라도 결국 자신의 선호대로 살아가게 된다. 그러므로 서로의 갈등을 풀어내기 위해서는 각자가 다름을 인정하고 수용하는 것이 무엇보다 중요하다.

각 지표 단위로 선호 경향의 특성을 살펴볼 수도 있지만 선택된 4개 지표들의 조합으로 상호 통합된 특성을 알아볼 수 있다. 이를 MBTI 심리 유형이라고 한다. MBTI의 8가지 선호 지표(E-I, S-N, T-F, J-P)에서 각각 한 가지씩의 선호 경향을 선택해 조합한 것으로 크게 16개 유형으로 나눈다.

우리가 주의해야 할 부분은 아이의 MBTI 심리 유형 결과가 나왔다고 해서 그것을 아이의 유일한 특성으로 결정지으려고 해서는 안 된다는 점이다. 심리 유형을 알아보는 것은 아이의 선호 경향을 알아가는 첫걸음일 뿐이며, 아이가 선호하는 바를 지속적으로 관찰하고 탐색해나가기 위함이다. 또 아이의 특성을 알아가면서 더욱 깊은 이해와 공감을 일구어내기 위함이라는 것을 꼭 기억해야 한다.

MBTI 심리 유형을 좀 더 구체적으로 알아보고자 한다면 한국 MBTI연구소 홈페이지(www.mbti.co.kr)를 방문하면 된다. 또 궁금한 내용을 필자에게 메일(netipop@naver.com)로 보내주면 도움 되는 답변을 해줄 것을 약속한다. '나를 알고 상대를 알면 싸우지 않고도 이길 수 있다'는 말이 있듯이 엄마의 성향과 아이의 성향을 안다는 것은 곧 전장에서 최고의 병기를 가진 것과 같다. 강아지와 고양이처럼 서로 으르렁거리지 않고 아이의 기질과 선호 경향에 맞는 것을 더 밀어주고 인정해줄 때, 아이는 마음을 활짝 열고 엄마와 달달한 사춘기를 보내게 될 것이다.

4. 사춘기를 바라보는 마음_마음의 빛깔을 바꿔라

조선을 건국한 태조 이성계가 무학 대사를 궁궐로 초대했다. 함께 식사를 하며 기분이 좋아진 이성계는 무학 대사를 물끄러미 바라보다가 장난기가 발동했다.

이성계가 무학 대사에게 말하기를

"대사는 어찌 얼굴이 그렇게 돼지 같이 생기셨소?"

그러자 무학 대사는 잔잔히 웃으면서 말했다.

"상감마마! 마마의 용안은 어찌 그리 부처님 같으십니까?"

이 말에 이성계는 깜짝 놀라며 물었다.

"대사! 나는 대사를 놀렸는데 대사는 나를 칭찬하니 웬일이오?"

무학 대사는 다음과 같은 대답을 했다.

"마마! 돼지의 눈으로 보면 모두 돼지로 보이지만, 부처님의 눈으로 보면 부처님만 보이지요!"

그날 태조 이성계는 큰 깨달음을 얻었다고 한다.

이 이야기는 우리가 어떤 마음가짐으로 세상을 살아가야 하는가에 대한 깊은 성찰을 준다. 노란색 유리창을 통해 세상을 본다면 세상은 온통 노랗게 보일 것이고, 빨간색 유리창을 통해서는 온통 빨갛게만 보일 것이다. 창의 크기도 큰 역할을 한다. 커다란 창을 통해 본다면 세상은 더 많이, 더 넓게 보일 것이다. 창의 크기가 작다면 세상을 보는 시야는 그만큼 좁아진다.

우리 마음에도 세상을 바라보는 창이 있다. 살아온 경험이 마음의 창의 크기와 빛깔을 창조하고, 또 그 창을 통해서 미래의 세상을 바라보게 되는 것이다.

사춘기는 끔찍해

"아이 마음을 정말 모르겠어요.", "아이 때문에 미치기 일보 직전이에요." 사춘기 아이를 둔 엄마들의 하소연이다. 엄마 말에 잘 따라주던 아이가 예상치 못한 말과 행동을 하니 엄마의 마음은 답답하기 그지없다. 그래서 엄마는 아이의 사춘기가 두렵고 끔찍하다고 말한다.

아이는 스스로 갖추어진 것도 없으면서 엄마로부터 간섭은 받고 싶어 하지 않는다. 못된 말과 행동을 서슴없이 하면서도 엄마는 여전히 자신에게 다정하게 대해주기를 바라는 것이다. 엄마의 작은 잔소리에도 아이의 감정은 억울함으로 얼룩지기 일쑤다. 엄마가 조금이라도 감정적으로 대하면 아이는 엄마가 자신을 미워한다는 생각을 해버리는 것이다.

이런 과도기의 아이를 지켜보는 엄마의 마음이 어찌 두렵지 않을까! 나 역시 말할 수 없는 고통의 대가를 치렀으니, 그 때를 생각하는 것만으로도 마음이 아파온다.

주로 중학교 2학년쯤 되면 아이는 사춘기 최고조의 흔들림을 겪게 된다. 이 때 아이들이 일으키는 부정적인 모습을 빗대어 흔히 '미친 중2' 또는 '중2병'이라고들 한다. 나는 개인적으로 '중2병'이라는 표현을 좋아하지 않는다. 사춘기는 아이가 독립적인 존재로 거듭나기 위해 지나가는 육체적, 정신적인 변화의 시기이다. 오히려 사춘기를 겪지 않는 것을 '병'으로 봐야 하지 않을까. 지극히 건강한 과정을 지나는 아이들의 모습을 '병'이라고 몰아가는 부정적인 시선이 무척 안타깝다.

과연 사춘기를 '끔찍하게 힘든 시기'라고 몰아가도 되는 것일까? 물론 이 시기의 아이들이 다소 공격적이고 극단적인 행동을 하는 것은 맞다. 심리적으로 너나없이 정체성이 흔들리고, 감정조절이 어려운 시기를 맞이했기 때문이다. 그렇다고 사춘기 아이들의 행동을 오롯이 부정적인 관점에서만 바라보고 그들의 몫으로 떠넘긴다면 도대체 아이들이 설 곳은 어디란 말인가. 아이들이 스스로 중2병이라고 말하지는 않았을 것이다. 사춘기 아이를 바라보는 어른들의 마음이 오히려 불안하고 안정되지 못하여 아이들을 그렇게 몰아가고 있는 것은 아닐까!

엄마들은 그동안 살아온 경험과 기준을 가지고 아이들의 행동을 평가한다. 따지고 보면 엄마의 불안은 바로 그 기준 때문이다. 아이들이 그 기준을 잘 지켜주고 그 테두리 안에 있으면 불안하거나 두려울 것이 없다. 그러나 아이들은 그 기준이 너무 힘겨워서 튀어나가려고 하는 것이다. 가만히 두어도 충분히 혼란한 시기에 엄마까지 사사건건 간섭한다고 생각하니, 결국 감정과 행동이 도를 넘어서고 마는 것이다.

사춘기를 부정적으로 바라보면 볼수록 아이의 일거수일투족은 눈엣가시처럼 거슬리게 느껴진다. "밉다 밉다하면 일일이 미운 짓만 한다"는 옛말처럼 사춘기에 대한 부정적인 시선은 아이의 행동에도 악영향을 미친다. 아이는 더 반항하는 모습을 보이고, 충동적으로 가출을 하게 되거나 학교를 가지 않겠다고 하고, 불손한 태도로 엄마와 갈등을 일으키게 된다. 불안은 더 큰 불안을 조장하고, 아이들을 더 날뛰도록 자극하는 것이다.

사춘기 아이들에게 진정 필요한 것은 무엇일까? 나그네의 외투를 벗기는 건 거센 폭풍이 아니라 따뜻한 태양이었듯이, 따뜻한 수용의 시선은 꼭꼭 닫았던 아이의 마음을 열게 할 것이다. 또 아이의 스트레스를 완화시켜 주고 심리적 저항감을 녹여줄 것이다. 엄마의 따뜻한 시선에 마음이 녹지 않는 아이는 없기 때문이다.

어떤 아이도 예외 없이 사춘기라는 거대한 성장의 과정을 지나야 한다. 이 과정을 아픔으로 얼룩지게 해서 보낼 것인가, 아니면 성장의 발판으로 만들 것인가는 사춘기를 어떤 관점으로 보는가에 달려 있다. 엄마가 어떤 마음으로 아이의 사춘기를 보느냐에 따라 두렵고 끔찍한 사춘기가 될 수도 있고, 아이의 따뜻한 베이스캠프가 되어줄 수도 있다는 말이다. 아이의 사춘기를 성장 과정이라는 큰 그림에 초점을 맞춘다면 아이의 작은 몸짓 하나에서도 성장 가능성을 발견하게 될 것이다. 그러므로 어떤 시선으로 사춘기를 바라볼 것인가는 오직 엄마의 몫이다.

마음의 빛깔을 바꿔라

우리 작은아이가 중학교 졸업을 앞둔 겨울방학의 어느 날이었다. 아이는 밤늦은 시간까지 컴퓨터게임에 열중하고 있었다. 그 모습을 보다 못한 나는 큰소리로 호통을 쳤다. 평소 같으면 후다닥 컴퓨터를 끄는 시늉이라도 했을 텐데, 어쩐 일인지 그 날은 아이가 꿈쩍도 하지 않았다.

아이는 갑자기 냉담한 눈빛으로 나를 노려보더니, "제가 나가주면 될 것 아니에요" 하면서 현관문을 박차고 나가버렸다. 참으로 어이가 없었다. 아이는 빈손으로 점퍼 하나만 걸치고 슬리퍼를 신은 채 겨울밤 추위 속으로 그렇게 무모하게 나가고 말았다.

밖은 영하의 온도로 무척 추웠다. 나는 걱정이 많이 됐지만, 마음을 크게 먹었다. 아이는 스스로 화를 조절하지 못한 채 충동적으로 행동하게 되었을 것이다. 예전의 나라면 불안해서 안절부절 못했겠지만, 이제는 아이를 이해할 수 있었다. 아니 오히려 담담했다. 내 마음창의 빛깔과 크기는 예전과 현저히 달라졌기 때문이다. '나름대로 화가 났을 거야. 이유야 어떻든 간에 감정이 화산처럼 차오르고, 무모한 행동을 하게 되는 것은 성장하고 있다는 증거야. 마음이 가라앉으면 들어오면 돼.' 나는 이렇게 마음을 조절하면서 담담히 기다렸다. 생각해보니 나도 잘한 것은 없다 싶어 미안한 마음도 올라왔다.

한 시간 정도 지났을까, 나는 외투를 걸치고 현관문을 열었다. 언제부터 그곳에 있었는지는 모르지만 아이가 현관문 앞 계단에서 추위에 떨며 앉아 있었다. 마음이 짠했다. 나는 아무 말 없이 아이를 꼭 안아주었다. 그 일이 있은 후 우리 작은아이는 나와 어떤 갈등과 다툼이 있어도 그 상황의 연장선으로 집을 나가는 일은 없다.

　사춘기 아이들은 정말 갑작스럽게 자신의 감정을 표출하곤 한다. 이 때 엄마 마음창의 빛깔과 크기가 어떻게 설정되어 있는가에 따라 아이의 사춘기는 재해석된다. 사실 덩치도 커진 아이가 불쑥 내뱉는 말과 행동에 감정이 흔들리지 않는 엄마가 어디 있겠는가. 서운하다 못해 기가 막힌다. 그러나 이럴 때 엄마가 감정적으로 격한 반응을 보이게 되면 아이는 두 배, 세 배로 강한 반격을 해온다. 엄마가 어떤 태도로 대하는가에 따라 아이의 다음 행동이 결정되는 것이다. 아이의 강도 높은 모습은 엄마를 무시하는 것처럼 보이지만, 사실은 자신의 무력함을 보이고 싶지 않은 과대포장의 한 방편일 뿐이다. 그러므로 엄마들이 아직 내면이 견고하지 않은 아이를 상대로 감정적인 맞짱을 뜨는 일은 아무런 이득이 없는 싸움이다. 그것을 알면서도 엄마의 내면이 불안함으로 가득 차 있다면 아이와 함께 감정의 널을 뛸 수밖에 없다. 그러니 엄마는 아이와 감정의 경계선이 무너질 때를 인식하고 재빨리 감정의 정지 버튼을 눌러야 한다.

　"좀 있다가 네 감정이 진정되면 다시 이야기하자.", "엄마가 지금은 얘기할 마음이 안 되는구나. 잠시 뒤에 다시 얘기하자." 이것은 엄마가 아이에게 지는 게 아니다. 아이가 자신의 감정을 극단으로 내몰지 않도록 엄마가 도와주는 것이다. 또한 아이에게 화를 분출시키지 않고도 상황을 풀어나갈 수 있다는 것을 경험시켜줄 수 있다. 아이를 통제하려고 감정을 맞받아치면 결국 종국으로 치닫는 아이의 모습과 만나게 된다. 엄마에게 욕을 하게 되거나, 물건을 집어 던지거나, 예기치 못한 폭력이 일어날 수도 있다. 원래 나쁜 아이라서 그런 것이 아니라 아이는 아직 스스로의 감정을 조절해내는 힘이 많이 약할 뿐이다.

'성장하려면 별의별 짓을 다하는 거야'라는 따뜻한 수용의 시선으로 아이를 바라볼 수 있다면 엄마는 언제든 한 발 물러설 수 있는 여유로운 마음을 가질 수 있다. 또 아이가 자기 감정에 취해 변덕을 부릴 때에도 아이와 맞짱 뜨지 않고 담담히 버텨낼 수 있다. 그러니 사춘기 아이를 바라보는 마음을 따뜻한 빛깔로 바꿔라. 엄마의 여유와 담대한 침묵은 아이의 어떤 감정도 고스란히 흡수하는 따뜻한 마음이 되어줄 것이다.

5. 엄마의 코치력이 아이에게 가져다줄 행운의 열쇠

문득 '내 아이가 사춘기인가' 하는 생각이 스쳐갈 때면 엄마의 마음은 당황스러워진다. 아이가 태어났을 때가 불과 얼마 전인 것 같은데, 어느새 자라서 시크한 행동을 하는 아이를 보면 많이 컸구나 하는 든든함과 함께 섭섭한 마음도 올라오기 때문이다. 이러한 교차되는 감정들은 엄마도 아이 못지않게 성장의 시기를 맞이했음을 알려주는 것이다. 이때부터 엄마는 한동안 아이가 겪게 될 육체적, 정신적 불균형의 시기를 잘 지나갈 수 있도록 돕는 멋진 코치엄마의 역할을 시작해야 한다. 코치가 된 엄마는 어른이 될 채비를 하는 아이에게 행복한 삶을 여는 행운의 열쇠를 하나씩 장착시켜줄 수 있다. 과연 아이는 엄마로부터 어떤 행운의 열쇠를 받게 되는 것일까!

행운의 열쇠 하나_ 아이는 자기 존재감을 세우는 탄탄한 밑바탕을 닦는다

사춘기 아이의 마음속에는 '나는 누구일까' 하는 밑도 끝도 없는 생각들이 끊임없이 마음속을 헤집고 다닌다. 나만의 나를 찾아가려는 마음속 싸움이 시작되는 것이다. 이 시기의 아이들은 그동안 엄마가 세워준 기준과 안전한 울타리에서 벗어나 앞으로 계속 자기의 것으로 남겨둘 기준과 버릴 것은 어떤 것인지 선택하는 과정을 거친다. 이러한 과정을 통해 아이는 자신만의 기준과 생각들을 서서히 확립해나가게 되는데, 이것은 아이가 자기의 존재감을 세우는 탄탄한 밑바탕이 되어준다.

이 중요한 시기에 여전히 엄마가 세워놓은 기준을 강요하고, 엄마가 만들어 놓은 안전한 울타리 안에만 있게 하려고 하는 것은 아이를 독립시키고자 하는 마음이 없는 엄마라고 감히 말하고 싶다.

엄마가 아이의 사춘기를 이해하고, 그 변화를 받아들일 준비가 되어야만 아이도 엄마의 안정된 정서를 발판으로 자신의 존재감을 찾아나갈 수 있기 때문이다.

코치력을 갖춘 엄마는 아이가 다소 미흡해 보이는 활동을 하더라도 스스로 혼자 해낼 수 있다는 온전한 믿음을 가지고 있다. 뭔가를 이루어가는 길에는 여러 가지 장애물이 있기 마련이다. 아이가 자신이 원하는 성과를 이룰 수도 있고, 좌절감을 경험할 수도 있다. 시도한 것만으로도 빛나는 가치가 있기에 아이에게 충분한 박수를 보내줄 수 있어야 한다. 코치엄마는 아이의 작은 경험 하나가 성장의 단계로 넘어가는 작은 관문임을 안다. 그래서 어떤 결과에도 지지와 격려를 아끼지 않는다. 이로써 아이는 자신이 얼마나 소중한 존재인지를 알아가는 첫 번째 행운의 열쇠를 가지게 되는 것이다.

행운의 열쇠 둘_ 아이는 스스로 선택하고 책임진다

다음의 두 행동 중 당신은 어떤 것을 선택하고 싶은가? 첫째, 아이 뒤를 따라다니면서 이것저것을 알려주고 실수한 일을 처리해준다. 둘째, 아이가 스스로 선택하게 하고 그 일을 잘 할 수 있도록 곁에서 후원해준다. 당연히 당신은 두 번째를 선택할 것이다. 아니 이미 두 번째의 역할을 충분히 해내고 있다고 말할 것이다.

그렇다면 왜 우리는 두 번째를 선택하는 것일까? 아이는 성장할수록 점점 스스로 선택할 일이 많아지며, 그 선택의 중요성은 커진다. 엄마는 아이 스스로 이 모든 것을 해나가야 한다는 것을 알고 있기 때문에 아이가 주도적으로 생활해나가기를 원하는 것이다. 사실 아이가 어릴 때는 엄마가 대신 선택해주는 경우가 많다. 이러한 습관이 10대에 접어든 시기에도 '엄마가 다 알아서 해 줄게, 너는 공부만 해'라는 식으로 발전하게 되면 위험하다. 아이는 자신이 선택하지 않았기 때문에 실천 의욕이 낮을 수밖에 없다. 또 성과가 나지 않거나 어려움이 닥치게 되면 엄마나 다른 사람의 탓으로 돌려버리기 쉽다. 책을 한 권 고르는 일에도, 학원을 하루 쉬겠다는 것에도, 심지어 학교를 가지 않겠다고 하더라도 아이에게 선택할 수 있는 시간과 기회를 주어야 한다. 사춘기는 그렇게 스스로 선택하고, 결정하고, 책임져보는 훈련을 하며 마음의 근육을 키워가는 시기이기 때문이다.

어떻게 하면 아이가 선택하고 책임지게 할 수 있을까? 그동안 아이에게 명령하고 지시하고 체크하던 양육 습관은 옷장 깊은 곳에 넣어 버리면 된다. 이제 엄마는 아이가 자라남과 함께 새로운 양육 방법을 익혀야 한다. 그 새로운 방법이 바로 코치력이다.

엄마의 코치력은 아이 스스로 '이것은 나의 선택이다'라고 의식적으로 생각하고 책임질 수 있게 한다. 선택하고 책임지는 과정을 통하여 아이는 크고 작은 성취를 경험할 수 있다. 더 나아가 자신의 한계와 잠재력을 발견하는 계기를 마련하게 된다. 물론 엄마에게는 많은 기다림과 인내심을 요구하는 녹록치 않은 과정이다. 그러나 사춘기 시기에 내 아이가 반드시 경험하고 훈련해야 할 일임을 꼭 기억하면 좋겠다. 이 과정을 통해 아이는 인생이 자신의 것이라는 사실을 배우고, 스스로 선택하고 책임지는 법을 알게 될 것이다.

행운의 열쇠 셋_ 아이는 감성능력의 틀을 마련하게 된다

감성능력은 코치력의 필요충분조건이다. 자신의 감정을 조절하고 다른 사람의 감정에 공감하고 관계를 맺는 능력, 좌절을 이겨나가는 능력들을 원하지 않는 사람이 있을까? 만약 이러한 능력을 상점에서 구입할 수 있다면 당장 아이에게 사주고 싶을 것이다. 그만큼 누구나 원하는 능력이다.

대니얼 골먼Daniel Goleman 박사는 "행복하면서도 성공한 사람의 공통된 특징은 높은 지능, 학업 성적, 부유한 환경이 아니라 감성지능이 높은 사람이다"라고 감성능력의 중요성에 대해 말한다. 엄마의 감성능력은 아이의 입장을 이해하고, 아이의 감정에 공감하면서 진지한 대화를 하게 한다. 이러한 엄마의 모습은 아이에게 좋은 거울이 되어주고, 아이에게 스펀지처럼 흡수될 것이다. 아이는 자신이 가장 믿고 존중하는 사람이 자기 감정을 수용해준다고 느낄 때 자신이 사랑받고 인정받는다는 느낌을 갖게 된다. 마치 어릴 때부터 매일 감성의 샤워를 받으며 자라는 것과 같다. 이러한 경험은 사춘기 시기에 매우 중요하다. 아이는 늘 함께하는 엄마의 감성능력을 통해 이미 그 능력의 틀을 갖추어 나가게 되는 것이다.

행운의 열쇠 넷_ 아이는 자신의 마음을 조절하는 힘을 배운다

사춘기 아이의 마음속에는 두 가지의 마음이 힘겨루기를 하고 있다. 엄마가 시키는 대로는 하지 않을 거라는 마음이 있는가 하면, 엄마가 뭔가를 도와달라고 하면 정의의 사도처럼 열성적으로 도우려는 순수한 마음도 가지고 있다. 엄마로부터 독립하고 싶은 마음과 사랑받고 싶은 마음이 함께 있는 것이다. 이 두 가지 마음이 호시탐탐 기회를 엿보며 주인 행세를 하려고 한다.

엄마가 조금이라도 기준을 강요하고 잔소리를 하게 되면 엄마로부터 벗어나려는 마음이 주인이 되고 만다. 반면, 엄마가 자신을 인정해주고 들어주고 도움을 요청하면 뭐든 할 것처럼 날뛴다. 이러한 아이의 모순된 두 마음을 좋은 방향으로 잘 이끌어낼 수 있도록 돕는 힘이 바로 엄마의 코치력이다.

코치력을 가진 엄마는 아이에게 내재하고 있는 두 마음의 방향에 적절하게 동기부여를 한다. 그 마음을 잘 토닥여서 성취의 경험을 할 수 있도록 돕는다. 우리 작은아이가 한창 팔뚝 근육을 보이며 힘자랑을 하던 시기가 있었다. 그 때 나는 할머니 댁에서 가지고 온 무거운 쌀을 집으로 옮겨준 것에 대해 엄청난 인정을 해주었다. 또 마트 장바구니를 들어주기를 부탁했고, 그것에 대해서 아낌없는 감사를 표현했다. 이제 그 두 가지 일에 대해서만은 작은아이가 도맡아할 정도이다. 아이에게 엄마를 도울 기회를 주고, 행동에 대해 아낌없는 인정을 해주었기에 가능했다. 이처럼 아이의 두 가지 마음

중에서 밝고 긍정적인 마음에 불을 지피면 사랑스러운 면모가 드러
난다. 누군가를 돕고 인정받는 성취의 경험을 하나씩 쌓아가면서
아이는 자신의 마음을 조절하는 힘을 배워나가게 되는 것이다.

행운의 열쇠 다섯_ 아이는 기름진 옥토에서 자란다

작은 도토리를 보면서 숲 속 커다란 상수리나무가 될 것이라고
누가 상상할 수 있겠는가? 작은 도토리 안에는 큰 상수리나무가 될
씨앗이 들어 있다. 그 작은 씨앗은 싹을 틔워 큰 나무로 성장해간
다. 그리고 커다란 상수리나무가 되어 다시 수많은 작은 도토리를
생산해내는 놀라운 능력을 발휘한다. 자연의 숲은 빛과 양분을 제
공하며 도토리가 싹을 틔우고 성장할 때까지 충분히 좋은 환경이
되어준다. 자연의 숲은 작고 보잘 것 없는 도토리가 큰 상수리나무
가 될 것임을 온전히 믿기 때문이다.

우리 아이들 역시 한 알의 완벽한 씨앗들이다. 아이들은 저만의
잠재력을 펼치며 성장해서 세상에 필요한 인재로 당당히 한 몫을
하게 될 것이다. 코치력을 가진 엄마는 자신의 아이가 가지고 태어
난 잠재력을 온전히 믿는다. 자연의 숲처럼 엄마가 얼마나 그 믿음
을 실천하고 충분히 좋은 환경이 되어주는가에 따라 그 잠재력을
발휘하는 정도가 달라질 것이다. 아무리 알차고 건강한 씨앗이라
하더라도 황무지에 던져 놓으면 제대로 싹을 틔우지 못한다. 적절
한 태양과 물과 영양소를 공급받아야 튼튼하고 올곧게 자라나는 것

이다.

코치력을 가진 엄마는 조급해 하지 않는다. 자신의 아이를 어떤 아이와도 비교하지 않는다. 누구와도 다른 독특한 존재로서 아이를 존중하며, 아이의 잠재력이 화려하게 꽃을 피울 수 있도록 돕는다. 그러므로 코치력을 가진 엄마는 아이라는 씨앗이 완벽하게 싹 틔울 수 있는 가장 기름진 옥토가 되어주는 것이다.

코칭 에너지의 장 만들기

"사랑하는 내 딸아, 대견하다. 일하면서 남자 아이 둘 키우느라 고생이 많지!", "네가 있어 엄마가 많이 힘이 된단다. 사랑한다. 애야!"

고향에 계신 친정엄마와 통화를 할 때면 엄마는 늘 내게 이런 사랑과 격려의 말을 해주신다. 나는 어른이 된 지금도 엄마의 이런 말에 아이처럼 기분이 좋아지곤 한다. 때로는 엄마의 말에 눈시울이 뜨거워지기도 한다. 어른이 되었어도 나는 엄마의 말에 용기가 생기고, 힘이 난다. 엄마가 내 마음을 알아주고, 내 편이 되어주고, 나를 인정해주고 있다는 생각이 들기 때문이다.

우리 아이들의 마음은 어떨까? 자신의 정체성을 찾아 이리저리 마음이 흔들리는 사춘기 아이들은 엄마의 눈빛과 말투와 몸짓 하나, 그리고 한마디 말에서도 자신의 존재가치를 확인한다. 엄마가 보내는 사랑과 격려의 에너

코칭 에너지의 장

긍정어 존중 경청
고백 공감 믿음 허기 인정
표현 지지 진정성
질문사고 격려
뒤센미소

지는 아이의 마음과 공명하여 정서적인 안정감을 선사한다. 부정적인 에너지는 분노, 슬픔, 화, 짜증, 우울 등을 끌어당기고, 긍정적인 에너지는 기쁨, 감사, 미소, 신뢰, 이해, 존중 등을 끌어당긴다.

평소 아이에게 어떤 에너지를 주고 있는지 생각해보자. 나는 아이를 가장 행복하고 성공적인 삶을 살 수 있도록 이끌어줄 에너지의 장을 '코칭 에너지의 장'이라고 부른다. 그것이 넓고 클수록 우리는 편안하고 따뜻한 관계를 이루어나갈 수 있을 것이다.

하나의 원고가 끝날 때마다 코칭 에너지의 장을 만들어가는 재료를 소개하고 있다. 하나씩 훈련해가면서 코칭 에너지의 장을 경험할 수 있도록 '코치력 Magic Plan'을 실었다. 이제 한 단계 한 단계 코칭 에너지의 장을 넓혀가보도록 하자.

매일매일 허깅하기

Q. 당신은 아이를 얼마나 자주 허깅해 주나요?
Q. 어떤 사람이 당신을 얼마나 자주 허깅해 주나요?

허깅	'포옹'을 뜻하는 Hug는 노르웨이어 Hugga에서 유래한 것으로 '편안하게 하다, 위안을 주다'라는 의미를 가지고 있다. 상대방의 체온을 느끼고 숨결을 나누는 포옹은 '가장 따뜻한 신체언어'로서 아이와의 신체적 건강을 향상시키고 정서적 연결을 돈독하게 한다. 허깅은 행동으로 "나는 널 사랑해! 네가 소중해"라고 표현하는 방법 중 가장 자연스러운 것이다. 허깅할 때는 몸에서 신경전달물질인 '옥시토신'을 방출한다고 한다. 옥시토신은 행복감과 사회유대감과 연결되어 있는 물질로 사람 간의 신뢰감을 형성하는데 중요한 역할을 한다. 몸에서 옥시토신이 최대로 방출되기 위해서는 최소 6~20초의 시간이 필요하다고 한다.

사춘기 아이와 평소 자주 허깅한다면 좀 더 깊이 마음을 전하는 순간을 느껴보기 바란다. 사춘기 이후에는 아이가 엄마의 허깅을 어색하게 여기고 불편해할 수도 있다. 만약 아이와의 허깅이 뜸해졌다면 아이의 행동과 말에 주저하지 말기를 당부하고 싶다.

나는 몇 년 전 키가 불쑥 자라버린 중3 아들을 허깅했을 때를 잊을 수가 없다. "어어~~ 엄마, 왜 이래요?" 하며 몸을 뒤로 젖히고 완강하게 불편함을 표현하던 아이의 모습에 나는 적잖이 상처를 받았었다. 하지만 아들이 어떤 반응을 보이더라도 최소 3주간은 행동하겠다고 마음먹었던 터라 나는 꾸준히 허깅했다.

2주가 지날 즈음 나는 놀라운 순간을 경험했다. 그 날도 현관문을 여는 아이를 아무 말 없이 안고 몇 초 간 아이의 심장 뛰는 소리에만 집중했다. 눈이 마주친 순간 우리는 서로 눈시울이 발개지는 것을 느낄 수 있었고, 이내 서로 미소지었다. 이제 퇴근하는 나를 아이가 허깅해줄 정도로 우리 가족의 자연스러운 일상이 되었다.

허깅

Practice

- 등교 전의 아이를 안고 가만히 6초 간 아이의 심장 뛰는 소리를 들어 보라(아침에 일어나기 전이나 잠들기 전은 더없이 허깅하기 좋은 시간이다).

- 감사와 연민, 사랑의 마음을 담아 허깅하는 시간을 자주 갖도록 하자.

- 꿋꿋이 1주간, 나아가 3주간을 하겠다고 자신과 약속해보라. 가슴이 뭉클해지는 순간을 맞이할 것이다. 백 번의 말보다 한 번 안아주는 것이 더 깊은 마음을 전한다.

내 아이와 보내는
달달한 사춘기

1. 지지와 격려는 아이 마음의 숲

언제부턴가 아이와 10분 이상을 함께 이야기 나눈다는 것이 어려워지기 시작했다. 아이들의 방과 후 스케줄이 빠듯하기도 했지만, 어떤 말을 해도 한 번 주고받고 나면 다음 대화로 이어지지 않았다. 나도 "이것은 했니?", "저것은 했니?"와 같은 물음으로 대화를 시도했고, 아이의 대답 역시 "네.", "아니요.", "몰라요"와 같은 단답형으로 돌아왔다. 그러다보니 당연히 아이의 마음 근처에는 얼씬도 할 수 없었다.

나는 어떻게 하면 우리 두 아이의 마음에 좀 더 다가갈 수 있을까 하는 고민에 빠졌다. 그러던 중 코칭 교육과정에서 실천방안으로 세웠던 '마음편지 노트'를 써야겠다는 생각이 들었다. 한동안 마음속에만 넣어두고 행동으로 옮기지 못했던 일이었다.

마음편지 노트는 아이에게 정기적으로 편지를 쓰는 노트다. 이 노트에는 아이에 대한 지지와 격려의 말만 담을 수 있다. 평소 생활 속에서 두 아이의 기특한 말과 행동, 훌륭한 점, 강점 등을 관찰하여 언어화하는 것이다. 말로 표현해도 좋지만 글로 적어두면 두고두고 볼 수 있다. 그리고 세월이 흘러도 변함없이 글에 담긴 마음을 느낄 수 있다.

나는 당장 노트 한 권을 준비했다. 막상 편지를 쓰겠다고 마음을 먹으니 아이들의 기특한 모습이 한두 가지가 아니었다. 마음편지 노트는 거실의 TV 앞에 놓아두었다. 아이들이 언제든지 노트를 열어보고 읽을 수 있도록 하기 위해서다. 한두 페이지 여백을 두어 아이들도 하고 싶은 말이 있으면 언제든지 기록할 수 있도록 했다.

두 아이는 자신들에 대한 좋은 이야기가 적혀 있으니 읽고 때때로 다음 편지를 기다리는 것 같기도 했다. 오늘도 나는 아이들의 기특한 점을 관찰하고 작은 것이라도 지지와 격려의 마음을 담아 마음편지 노트에 기록한다.

마음편지 노트

우리 작은아이는 제 형을 많이 좋아했다. 형이 하는 것은 거의 모든 것을 따라하겠다고 할 정도로 동경했다. 그런데 큰아이가 고등학생이 되면서 상황이 좀 달라졌다. 네 살이나 많은 큰아이 입장에서 내 큰사랑 동준아!
오늘은 엄마가 네게 고맙다는 말을
하려고 해.
엄마 곁에 있는 너의 존재만으로도
고마운 마음 그지 없지만,
요즘 들어, 네가 동생에게 다정하게 대하는
모습이 엄마 마음을 행복하게 하는구나.
그 어떤 행복에도 비할 수가 없단다.

어젯밤 12시까지 안자고 있는 동생에게
"지유야, 형과 얼른 양치하고 자자."
이렇게 말하면서 네가 지유를 부르더구나.

지난 토요일에는 늦은 밤 군것질하고 싶은
지유에게 "형과 함께 다녀오자"라며
점퍼를 입던 네 모습에 엄마는 감동을 했단다.
지유의 기운이 쑥 올라가는 것을 넌 느꼈을까?

준아!
아무래도 너보다는 경험이 부족한 어린 동생이
라 때로는 말과 행동이 네 마음에 안 들 때도
있지! 그지?
그럼에도 불구하고 너그럽고 따뜻한 시선으로
동생을 바라봐주는 너의 마음이 대견하다.

네가 먼저 그렇게 동생을 대하니,
지유는 앞으로 너를 더 많이 따르고, 형에 대한
존경의 마음이 커져갈 거라고 엄마는 믿어.

너희 둘이서 서로 돕고 사이 좋게 지내는 것은
엄마에게 한없이 고마운 일이란다.
엄마가 늘 네 곁에서 응원 할게.

2017. 03. 31
너의 영원한 편 엄마가

는 그런 동생이 조금은 귀찮았던가 보다. 동생을 대하는 말투가 점점 퉁명스러워지고, 핀잔을 주는 일도 잦아졌다. 특히 둘만 있을 때면 작은아이에게 불리한 일이 자주 생겼다. 가끔 내게 작은아이로부터 장문의 메시지가 도착한다. 그 메시지를 열면 형과의 다툼으로 얼룩진 억울한 마음이 한바탕 쏟아진다. 때로는 '어떻게 저런 형을 자신의 형으로 낳아 주었느냐'는 내용이 담겨 있을 때도 있었다.

나는 둘 사이의 상황을 전혀 모른다. 그래서 무턱대고 한 아이만을 나무랄 수도 없었다. 내가 할 수 있는 일은 전화로 "네가 형한테 많이 서운했나 보네", "화가 많이 났구나!", "집에 가서 엄마와 좀 더 얘기하자" 하면서 작은아이의 마음에 공감하고 다독여주는 것 외에는 달리 방법이 없었다. 큰아이에게 매번 의젓한 형 역할을 하도록 요청하는 것도 여간 조심스러운 일이 아니었다. 그것은 내가 아이들 사이의 갈등을 부추기는 꼬투리를 마련해줄 뿐이었다.

당시엔 그랬다. 큰아이는 내게도 버거운 사춘기였으니까! 시기의 차이만 있을 뿐 얼마 지나지 않아 작은아이 역시 사춘기의 바람이 불어오기 시작했다. 그나마 작은아이가 나에게 자신의 감정을 풀어 내줘서 고마웠다. 둘의 갈등 상황을 알 수 있었을 뿐더러 그로 인해 큰아이와 작은아이 사이에서 지혜롭게 통역을 해줄 수 있었다. 이 제는 작은아이로부터 메시지가 오는 일이 거의 없다. 둘 다 마음이 많이 자란 덕분이다. 큰아이도 제법 형다운 성숙함이 풍겨진다. 작 은아이는 형의 귀한 대접에 그저 멋모르고 행복해하는 듯하다.

내가 쓴 마음편지 노트에 적힌 큰아이의 말과 행동은 지나쳐버 려도 될 만큼 사소한 것들이기도 하다. 형으로서 당연한 행동이 아 니냐고 말하는 사람도 있을 것이다. 그럼에도 내가 노트에 기록하 는 것은 두 가지의 큰 의미가 있다. 하나는 실제로 큰아이가 동생 을 대하는 태도에 있어 상당히 발전적이었다. 다른 하나는 두 아이 의 탁월한 점을 발견하고 지지함으로써 그 행동을 지속해나갈 수 있는 계기를 마련해주고 싶었다. 작은 싹이 자라나 큰 나무가 되듯 이 아이의 작은 행동은 엄마의 지속적인 지지와 격려를 통해 발전 을 거듭하게 된다. 지지와 격려를 충분히 받고 자란 아이일수록 '그 래, 나도 꽤 괜찮은 사람이야'라며 자기 마음속에 좋은 대상을 가지 고 살아가게 되는 것이다. 엄마가 어릴 때부터 아이의 모습을 어떻게 언어화시켜 주었는지에 따라 아이 마음속 대상은 긍정적일 수도 있고, 부정적일 수도 있다.

마음편지 노트는 앞으로도 계속 지지와 격려로 내 아이 곁을 지킬 것이다. 훗날 성인이 된 아이들이 이 노트를 보며 자신을 회상하는 모습을 떠올려본다. 삶의 어떤 시점에서 새로운 용기가 필요할 때 이 노트가 힘찬 동력이 되어줄 거라고 나는 확신한다.

아이 마음의 숲

말콤 글래드웰Malcolm Gladwell은 《아웃라이어》에서 성공을 가능하게 하는 환경의 중요성에 대해 이렇게 말하고 있다.

"숲에서 가장 키가 큰 상수리나무가 그토록 성장할 수 있었던 이유는 가장 단단한 도토리에서 나왔기 때문만은 아니다. 다른 나무가 햇볕을 가로막지 않았고, 토양이 깊고 풍요로우며, 토끼가 밑동을 갉아먹지도 않았고, 다 크기 전에 벌목꾼이 잘라내지 않은 덕분에 가장 큰 나무가 된 것이다. 우리는 성공한 사람은 모두 단단한 도토리에서 나왔다고 생각한다. 하지만 그들에게 빛을 준 태양, 뿌리를 내리게 해준 토양, 그리고 운 좋게 피할 수 있었던 토끼와 벌목꾼에 대해서는 충분히 알고 있었을까?"

그는 성공한 사람에게는 개인의 재능, 지능, 열정, 노력을 뛰어넘어 사회가 주는 특별한 기회와 환경적, 문화적 유산이 있었음을 알려준다. 성공은 타고나는 것이 아니라는 믿음을 전하며 스스로가 성공의 환경을 만들어가야 한다는 메시지를 전하고 있다. 숲에서 키 큰 상수리나무가 그토록 성장할 수 있었던 이유는 태양과 토양, 바람 등 그 나무에게만 해당되었던 적절한 환경, 다시 말해 특별한 숲이 있었기 때문이다.

숲에 대한 이야기는 아이들에게 환경이 얼마나 중요한가를 생각해보게 한다. 아이가 가진 개인적인 특성에 보태어 엄마가 줄 수 있는 정신적, 문화적 환경은 무엇일까? 엄마는 아이 마음의 숲이다. 엄마 자신이 바로 그 특별한 환경이 되어주면 된다. 엄마가 보내는 지지와 격려는 아이의 태양이 되어주고, 벌목꾼을 막아주고, 마음의 영양분이 되어 아이의 마음을 쑥쑥 키워줄 것이다. 가장 가까이에 있는 엄마의 지지와 격려는 아이의 마음속에서 엄마가 생각하는 것보다 오래, 더 오래, 아주 오래 기억될 것이다.

코치력은 지지하고 격려하는 힘이다. 아이 마음의 숲이 되어 아이를 가장 큰 상수리나무로 키워내도록 하는 힘이다. 사춘기 아이들은 지금 이 순간에도 '내가 잘하고 있을까?', '이렇게 해도 되는 걸까?', '다른 아이들은 왜 저렇게 잘할까?' 하는 생각들이 마음 아래에서 마그마처럼 끓고 있다. 이렇듯 힘든 시기에 엄마가 줄 수 있는 최고의 선물은 그저 곁에서 지지해주고 격려해주는 것임을 잊지 말았으면 좋겠다. 결국 아이는 스스로 이 시간을 슬기롭게 지나갈 것이다.

2. 스스로 선택하고 결정하는 힘

허선화의 《믿는 대로 말하는 대로 크는 아이들》에서 저자가 소개한 남아프리카공화국 출신인 친구 이야기를 들으며 나는 마음이 철렁 내려앉았다. 이 이야기는 스스로 결정한 것이 아닌, 부모의 기대로 정해진 진로가 자녀로 하여금 어떤 아픔을 겪게 하는지 잘 알려준다.

그의 친구는 지금껏 아무에게도 말하지 않았던 자신의 이야기를 털어놓았다고 한다. 친구의 아버지는 유명 공과대학의 교수이고, 엄마는 호화로운 미용실 원장으로 남아공의 엘리트 집안에서 자랐다고 한다. 재능도 많고, 학교 성적도 최상위권에 있었다. 그런데 진로 문제로 사이가 틀어져 몇 년 간 아버지와 절연한 채 지냈다고 한다. 친구의 아버지는 성적에 맞는 의과대학에 가기를 고집했고, 친구는 자신의 적성에 맞는 사범대학을 고집했다. 결국 아버지는 아들을 보지 않겠다고 외면했다고 한다. 어쩔 수 없이 친구는 아버지와 인연을 끊고 자신이 원하던 사범대학에 진학했다. 이 후 남아공의 고등학교 선생님으로 일하다가 한국에 선생님으로 오게 되었다고 한다.

그러던 어느 날 아버지가 한국으로 찾아와 아들에게 진심으로 사과를 했다고 한다. 비슷한 사연을 가진 아들의 친구가 자살을 했기 때문이다. 그 친구는 부모의 강요로 의과대학에 진학했는데 결국 내적갈등을 이기지 못하고 스스로 목숨을 끊었다. 그 사실을 알게 된 후 아버지는 자신의 실수를 뉘우치고 아들에게 사과를 하러 온 것이다. 아들 친구의 죽음을 알고 나서야 아버지는 인생에서 더 중요한 것이 무엇인지 깨달은 것이다.

가끔 언론에서 비슷한 내용의 뉴스를 접하곤 했지만 나와는 상관없는 일이라 생각하고 무시했었다. 그런데 이 이야기는 큰아이가 사춘기의 어두운 터널을 지나고 있던 나에게 큰 성찰의 시간을 부여해주었다. 나도 그동안 아이를 위한다는 명분 아래 내 기준만을 강요해오고 있지는 않았을까!

내면으로부터 시작되는 힘

부모의 기대에 부응하기 위한 경우나 좋은 직장을 얻기 위해 하는 공부는 외부에서 시작되는 힘에 지배당하기 때문에 자기 마음의 동력을 열정적으로 작동시키지 못한다. 자신의 마음 깊은 곳에서부터 시작되는 힘은 다른 사람의 요구에 의한 것들에 비해 훨씬 큰 힘을 발휘한다.

이에 대하여 자기계발의 대가인 스티븐 코비Stephen Covey는 《성공하는 사람들의 7가지 습관》에서 '내면으로부터 시작하여 외부로 향하는'이라는 접근법의 효과성을 강조했다. 내면으로부터 시작되는 힘은 지속적이고 장기적인 행복과 성공을 이끌어준다는 것이다. 그

것은 내면 깊숙한 곳에 있는 자신만의 목표, 동기, 가치, 성품, 기질 등을 바탕으로 시작된 힘이기 때문이다. 외부에서 시작하여 내면으로 들어오는 힘은 스스로 무능하다고 여기게 되며, 열정을 불러일으키지 못한다. 또한 외부와의 갈등을 일으키고, 주변 환경 탓을 하게 되며, 다른 사람을 변화시키느라 엄청난 양의 시간과 에너지를 소모하게 된다.

그러므로 아이가 스스로 결정하고 선택하는 습관을 갖는 것은 그 과정과 결과에 더욱 적극적이고 책임 있는 삶을 살아가기 위한 삶의 기초공사를 탄탄히 하는 것과 같다. 엄마의 소망이 아니라 아이 마음 깊은 곳에서 변화가 일어나 자신의 목표를 세우게 된, 아래 사례의 A의 이야기에서도 내면에서 시작된 힘의 심오한 영향을 확인할 수 있다.

A는 고등학교 2학년이다. 공부는 학교에서 상위권에 속할 정도로 잘하는 편이었지만, 자신이 무엇을 하고 싶은지, 앞으로 어떤 일을 하고 싶은지 마음이 망망대해에 있었다. A는 학교에 가는 의미를 잘 모르겠다고 했다. 무엇을 해도 의욕이 생기지 않고, 학교생활도 즐겁지 않다는 것이다.

A는 부모님의 권유로 필자를 만나 코칭을 받게 되었다. 이야기를 나누면서 나는 A가 자신의 꿈과 진로에 대해 적잖이 고민하고 있다는 것을 알게 되었다. 그리고 자신은 아무런 재능이 없다는 생각에

깊이 빠져 있었고, 자신감이 많이 떨어져 있는 것 같았다. 나는 A가 평소 관심 있어 하는 분야에 대한 이야기를 할 수 있도록 도왔다. 잠시 망설이던 A는 자신이 항공과 관련된 것들에 꽤 흥미를 가지고 있다고 말했다. 어릴 때는 비행기를 조종해보고 싶다는 생각을 한 적도 있다고 한다. 그래서 나는 A에게 항공과 관련된 학교에 한 번 견학을 가보는 것은 어떻겠냐고 조심스럽게 제안했다. 그 해 여름방학 때 A는 학교 보충수업을 모두 빠지면서 항공과 관련된 학교를 몇 군데 견학차 다녀왔다.

부모님과 함께 여름휴가를 겸해서 다녀왔지만 A의 마음속에 작은 변화가 일어난 것 같았다. 막막했던 자신의 미래를 꿈꾸기 시작했고, 작은 목표와 큰 목표를 스스로 세웠다. 누가 시키지도 않았는데 자신의 책상 앞 큼지막한 종이에다 목표를 적어놓기까지 했다.

A의 가장 큰 변화는 "공부 이거 왜 해야 해?", "휴" 하며 한숨만을 내쉬던 아이가 더 이상 그런 말은 입에도 담지 않게 된 것이다. 모든 것은 A가 스스로 선택하고 결정을 내렸기 때문이다. 이렇듯 마음속에서 시작된 변화는 참으로 놀라운 힘을 발휘한다.

스스로 선택하고 결정하는 힘

우리 작은아이가 초등학교 5학년이 되던 해였다. 다니던 태권도장이 문을 닫아 어쩔 수 없이 다른 도장으로 옮겨 운동을 해야만 했다. 당시 태권도 3단이었는데, 아이는 옮긴 도장에는 다니지 않겠다고 했다. 아이 나름대로 이유가 있었는지 아무리 설득해도 꿈쩍도 하지 않았다. 나는 그동안 해온 운동을 중단한다는 것이 무척 아쉬웠으나 마음을 접고 아이가 결정한 대로 따르기로 했다. 사춘기에 접어들면서 '자기만의 그것'을 분명하게 말하기 시작했기 때문이다. 이제는 내 생각대로 아이를 이끌어가는 것은 어려운 시기가 되었음을 직관적으로 느꼈다. 한 걸음 뒤에서 아이를 지켜봐주는 것, 그것이 이제 내가 해야 할 일이었다.

시간이 흘러 그 아이가 어느덧 중학생이 되었다. 이른 봄날, 아이는 학교에서 오자마자 숨을 고르지도 않은 채 말한다.

"엄마, 운동을 시작해야겠어요."

그 날 나는 아이와 많은 이야기를 나눌 수 있었다. 중학교라는 새로운 환경에서 친구의 모습을 보며 운동을 해야겠다는 동기가 생긴 것 같았다. 엄마의 소망과 의지가 아니라 아이가 스스로 하고자 하는 내적동기가 생겨난 것이다.

"운동을 하겠다는 생각을 하게 된 계기는 무엇이니?", "운동을 다시 시작하면 네게 어떤 것이 더 좋아진다고 생각하니?", "꾸준히 운동할 수 있다는 스스로에 대한 믿음은 어느 정도니?", "엄마가 어떻게 도와주면 되겠니?", "열심히 하던 중에 하루 쉬고 싶은 생각이 들 때는 어떻게 할 생각이니?"

내가 어떤 질문을 해도 아이는 자기의 생각을 마음껏 펼치고 얘기를 했다. 스스로 선택하고 결정한 만큼 아이의 목소리에는 힘이 있었다. 눈빛도 영롱하게 반짝였다. 그동안 아이와 마음을 연결하기 위해 지속적으로 코치적인 대화를 훈련해온 나의 노력이 드디어 빛을 발하는 것 같았다.

아이는 운동을 해야겠다고 스스로 선택하고 결정했다. 그 때 선택한 운동은 합기도였다. 아이는 자신이 결심한 대로 꾸준히 노력하여 합기도 2단까지 땄다. 올해 고등학교 2학년이 된 아이는 3단 승단 준비를 하고 있다. 그동안 아이는 스스로 하겠다고 결정했던 일이니만큼 강한 의지를 보여주었다. 중간에 빠지고 싶은 일이 생기면 관장님한테 하루 쉬고 싶다는 허락을 당당하게 구했다. 나는 그런 아이를 보면서 스스로 선택하고 결정한 일은 지속적인 실행을 가능케 하고, 목표를 달성하도록 하는 강력한 힘이 작동한다는 것을 다시 한 번 확인하게 되었다.

엄마들은 자신의 아이가 이왕이면 실패 같은 것은 경험하지 않았으면 좋겠다고 생각한다. 안전하고 포장된 도로로만 걸어가길 바라는 마음은 모든 엄마들이 다 같다. 그동안 살아오면서 빠른 길, 지름길을 잘 알고 있으니 아이에게 그 비법을 알려주고 싶다. 그러다 보니 엄마는 아이가 할 수 있는 사소한 일에도 그 선택과 결정을 도맡고 싶은 유혹에 쉽게 빠져버린다. 아이는 스스로 선택하고 결정할 기회를 갖지 못한 채 의존적으로 자라게 될 수밖에 없다. 스스로 결정을 내렸던 일이 아니므로 그 일에 대한 만족도는 매우 낮다. 만족도가 낮은 만큼 큰 성과도 기대하지 못할 것이다.

인생을 살아가면서 중요한 선택과 결정을 내려야 하는 순간은 어릴 때보다 어른이 된 후에 더 많이 발생한다. 어릴 때의 수많은 선택과 결정의 경험이 모여 훗날 어른이 되어서 현명한 선택을 할 수 있는 혜안을 가지게 되는 것이다. 아이들이 꽃길만 걷게 하기 위해 그들의 선택과 결정을 도맡고 싶은 유혹에 쉽게 빠져버리는 우리 엄마들이 명심하고 새겨야 할 지혜다.

3. 실패란 없다. 성공과 더 좋은 성공이 있을 뿐

필자가 K코치로부터 코칭을 받는 과정에서 이런 질문을 받게 되었다.

"코치님, 코칭을 하게 되면 좋은 결과와 또 어떤 결과가 있을까요?"

"그야 물론 좋은 결과와 안 좋은 결과가 있겠지요."

"그렇군요. 안 좋은 결과는 어떤 경우를 말하나요?"

"코칭에서 성과를 내지 못했을 때가 안 좋은 결과라고 생각해요."

"예전에 그런 경우가 있었을 때, 코치님의 마음은 어떠했나요?"

"잘 해내지 못했다는 실패감이 들었고, 의욕도 떨어지고 자신감을 잃게 되었어요."

"그 이후에는 어떻게 했나요?"

"실패한 장면을 좀 더 돌아보았어요. 그리고 다음 번에는 어떻게 할까에 대해서 생각하고, 노력했던 것 같아요."

"그렇다면 그 안 좋은 결과가 작은 성공의 경험이라고 말할 수도 있겠군요. 그 경험으로 더 나은 것을 시도하고 노력할 기회를 얻은 것이니까요."

맞는 말이다. 어쨌든 실패를 통해서 다음 단계를 향해 노력하게 된 것만은 분명하다. '이런 경우도 있구나' 하는 것을 경험하게 되었고, '다음 번에는 어떻게 하지?'라는 새로운 아이디어를 탐색하고 시도해볼 수 있었다. 그 순간에는 좌절감을 겪지만, 그것을 계기로 다른 대안을 찾아볼 수 있는 기회를 얻었으므로 '작은 성공'이라고 말하는 게 훨씬 발전적이고 희망적이다. K코치는 마지막으로 나에게 이렇게 말해주었다.

"코치님, 그런 의미에서 어떤 경우든 실패란 없어요. 성공과 더 좋은 성공만이 있답니다."

그 날 K코치와 코칭 대화를 한 이후로 나는 실패란 말은 사용하지 않으려고 노력한다.

성공과 더 좋은 성공만 있다

아기에게 밥을 먹이다보면 어느 때부턴가 숟가락을 붙잡고는 스스로 밥을 먹겠다고 식탁에서 난리가 난다. 아기는 곳곳에 밥풀을 묻히고, 밥그릇을 엎지르곤 한다. 그 과정을 지나면서 아기는 혼자서도 능숙하게 밥을 잘 떠먹게 된다. 수없는 실패를 거듭하면서 숟가락을 잘 사용하게 된 것이다.

아무나 실패를 경험할 수 있는 것은 아니다. 실패는 반드시 무엇인가를 이루기 위해 시도했을 때만 가질 수 있는 소중한 경험이다. 이 세상에 한 번 만에 뚝딱 잘 하게 되는 경우가 어떤 것이 있는가! 실패는 더 나은 시도를 할 수 있는 계기를 마련해준다. 그런 의미에서 실패는 작은 '성공'과 다를 바가 없다. 작은 성공의 경험들이 있었기에 '더 좋은 성공'으로 나아가는 근육과 혜안을 키울 수 있는 것이다. 아무 시도를 하지 않고 매번 할까 말까 망설이고만 있다면 결코 작은 한 걸음도 내딛지 못한다. 다행히 실패는 없을 것이지만 작은 성공도, 더 좋은 성공도 이룰 수 없다.

혹시 사춘기 아이가 얌전하고 반항도 하지 않아서 다행이라고 생각하지는 않는가? 또는 아이가 사춘기 방황을 하지 않았으면 하는 마음 간절한가? 안타깝게도 이러한 바람은 아이의 마음근육이 자라지 않았으면 하는 것과 같다. 아이는 사춘기의 역동을 지나는 동안 수많은 갈등과 실패, 성취의 순간을 경험하게 된다. 이러한 경험 속에서 마음의 근육이 단단해지는 것이다.

우리 큰아이가 갑자기 학교를 가지 않겠다고 했을 때 그 절망스러움은 이루 말할 수 없었다. 그 때 《공감》에 실린 김현옥 저자의 말은 절망에 빠져 있던 나에게 큰 용기를 주었다. "아이는 아이 몫의 고통과 실수와 위기와 혼란을 겪어야 한다. 그 혼란의 시기가 엄마인 내가 보호할 수 있을 때 찾아온다면 천만다행이다. 엄마인 내가 도움을 줄 수 있을 때, 버텨줄 수 있을 때 아이의 사춘기가 지나가야 다행인 거다."

그렇다. 학교에 다니지 않겠다고 충격 선언을 해도, 무엇을 하고 싶은지 모르겠다며 온갖 투정을 부려도 차라리 엄마의 품에 있을 때 방황을 겪어내는 것이 백 배 천 배 더 낫다. 어른이 되어 뒤늦게 자신의 정체감을 찾아 방황하게 된다면 그건 정말 상상만으로도 아찔해진다. 기억해야 할 것은 아이들이 사춘기가 왔을 때 사춘기를 겪어내는 것이다. 엄마의 품 안에서 수없는 작은 성공을 경험하며 사춘기를 거뜬히 이겨내는 것이다. 아이들은 그런 작은 성공들을 발판삼아 더 좋은 성공을 이루어 나갈 것이다.

다만 사춘기 아이들은 아직 마음근육이 여리다보니 조그마한 실패를 접하게 되어도 연료가 떨어진 자동차처럼 금방 멈추어버리곤 한다. 쉽게 자신감을 잃고서 잘할 수 없을 거라는 회의감에 빠져버리고 마는 것이다. 이때 엄마마저 아이와 함께 실망과 절망을 넘나들게 되면 아이는 더욱 나락으로 떨어질 수밖에 없다. 엄마는 아이의 마음을 다시 일으켜 세울 동력을 가지고 있다. 그러니 절대로 아이의 어떤 상황에 휘말리지 마라. 안타까움으로 에너지를 소비하지 마라. 대신 조금씩 자라고 있는 아이의 마음근육을 볼 수 있는 눈을 키우고, 어떤 상황에서도 아이의 탁월한 면을 보는 힘을 훈련해야 한다.

자신을 지키는 일

일본에서 있었던 일이다. 아주 똑똑한 한 청년이 있었다. 그는 한 번도 1등을 놓쳐본 적 없는 수재로 주변의 기대를 한 몸에 받고 있었다. 청년은 일본 최고의 회사에 응시를 했고, 최종합격자 발표만을 남겨두고 있었다. 매사에 우수했던 그의 합격 사실은 잘 짜인 각본처럼 당연한 것이었다. 그는 자신감에 넘쳐 있었고, 어느 누구도 그의 합격을 믿어 의심치 않았다.

드디어 최종합격자를 발표하는 날이 되었다. 그런데 이게 어찌된 일인가? 최종합격자 명단에 청년의 이름이 없었다. 그의 충격은 예상보다 컸다. 그는 스스로 무너진 자존심과 패배감을 견디지 못하고 스스로 목숨을 끊고 말았다. 그런데 나중에 알고 봤더니 전산착오로 청년의 이름이 합격자 명단에서 누락되었던 것이다. 불과 30분 만에 일어난 일이었다. 하지만 안타까운 소식을 접한 회사 대표는 이렇게 말했다고 한다.

"이런 일이 발생하게 되어 매우 유감스럽고 애석합니다. 유족에게는 대단히 죄송한 말씀이지만, 회사의 인재를 뽑는 입장에서는 지극히 다행스러운 일이 아닐 수 없습니다. 수없이 많은 도전과 역동이 되풀이되는 사업 현장에서 작은 실패에 맥없이 무너지는 사람은 우리 회사에서 원하는 인재가 아닙니다."

이 청년은 실패에 대한 근육을 키워오지 못했다. 늘 잘하는 것만 경험하다보니 시험에서 탈락한 자신을 받아들이지 못했던 것이다.

무엇이든 잘하는 것도 좋지만, 크고 작은 실패의 경험이 오히려 삶의 수많은 고난으로부터 자신을 지켜 나가는 튼튼한 근육이 되어준다는 것을 깨닫게 해준다. 실패는 성공으로 가는 많은 시도 중의 하나일 뿐이다. 이를 '작은 성공들의 모음'이라고 여긴다면 삶의 용기와 지혜를 하나씩 쌓아가는 과정이라고 해석할 수 있다. 반드시 기억해야 한다. 실패란 것은 없고, 성공과 더 좋은 성공이 있을 뿐이다. 이제 갓 허물을 벗고 있는 여린 아이들이 겪는 작은 실패의 경험들을 맷집 좋게 바라보자. 그리고 매일 아이들의 작은 성공을 꿈꾸라. 아이의 작은 성공을 희망적으로 바라보라. 실수를 통해 무언가를 배울 수 있다면 이보다 더 값진 성공은 없다. 실패를 거듭하는 동안 아이는 용기를 배우고, 두려움에 맞설 수 힘을 가지게 될 것이다. 코치엄마는 언제 어떤 상황에서도 아이가 오뚝이처럼 일어날 수 있도록 돕는 위대한 엄마다.

4. 간절할수록 천천히, 더 천천히 걸어라

그리스 신화에 나오는 노상강도인 프로크루스테스는 지나가는 나그네를 자신의 집에 묵게 했다. 그리고 어두운 밤이 되면 나그네를 철로 만든 침대에 눕혔다. 프로크루스테스는 나그네의 키가 침대보다 크면 그만큼 잘라내어 죽이고, 침대보다 작으면 억지로 침대의 길이에 맞추어 늘여서 죽였다고 한다.

넘쳐나는 자녀교육의 홍수 속에서 엄마가 선택하는 자녀교육이 마치 그리스 신화 속의 '프로크루스테스의 침대'를 생각나게 한다. 아이의 생각은 알아보려고도 하지 않고 엄마의 일방적인 생각과 기준을 고집해 아이의 미래를 결정지으려고 한다. 엄마의 간절한 소망이 아이들로 하여금 공부의 열병을 앓게 하고 있는 것이다.

매년 수능시험이 끝나고 나면 대학입시설명회가 열린다. 설명회장에는 좌석이 빼곡할 정도로 많은 사람이 참석한다. 대학입시에 대한 전략과 구체적인 방법을 알아보는 시간이지만, 정작 학생들은 한 명도 없이 부모들만 가득 자리를 메우고 있다. 물론 부모가 빠르게 바뀌는 입시정보를 아는 것은 중요하다. 다만 정보를 아는 것 이상으로 부모가 너무 앞서 달리기 때문에 아이가 선택할 기회를 갖지 못하는 것이 안타까울 뿐이다. 이러한 과정은 아이와 엄마 사이에 큰 갈등을 만들어낸다. 어떤 아이들은 마음속으로 끙끙 앓으면서도 엄마의 기대에 부응하기 위해 애를 쓰다가 끝내 지치기도 한다. 결국 부모의 헌신적인 앞서감이 아이로 하여금 소극적이고 수동적인 삶을 살아가게 만들고 있는 것이다.

딱 반걸음만 뒤에서 걸어라

요즘 우리 아이들의 스케줄은 너무 바쁘다. 아침에는 밥을 먹는 둥 마는 둥 하며 등교해서 점심은 급식하고, 저녁은 학원가 근처의

편의점에서 즉석식품으로 간단히 때우는 것이 요즘 아이들의 모습이다. 집에 오면 종일 만지지 못했던 스마트폰에서 눈을 떼지 못한 채 시간을 보내다가 잠이 들곤 한다. 가족과 얼굴을 마주하고 대화할 시간은커녕 제대로 눈길 한 번 마주칠 시간이 없다. 다른 아이보다 뒤처지는 것이 아닌가 하는 엄마의 조급함과 불안함에 아이는 학교와 학원을 오가며 쉴 틈 없이 학업에 매달리는 생활을 할 수밖에 없다. 이른 아침부터 자정이 다 될 때까지 아이는 어떤 마음으로 하루를 보낼까?

아직도 많은 엄마들이 아이에게 선행학습을 요구한다. 이왕이면 좋은 대학을 보내거나 외국으로 조기유학을 보내야 성공한다고 믿는다. 그리고 아이가 다른 아이보다 뛰어나고, 명문대에 진학을 하고, 대기업에 입사하게 되면 훌륭한 부모로서 칭송받게 된다. 아이의 출세가 곧 엄마의 훈장이 되는 것이다. 주변 사람들의 찬사에 엄마의 격이 올라가고, 마치 엄마 자신이 성취한 듯이 행복해진다. 물론 아이의 성취는 엄마의 마음을 행복하게 해준다. 이보다 더 기쁜 일이 세상에 어디 있겠는가! 하지만 그 성취가 진정으로 아이가 원하던 목표였는가에 대한 진지한 물음이 있어야 한다. 아이 마음은 제대로 살피지 않은 채 아이에게 능력 이상의 것을 요구하고 있는 것은 아닌가?

여성지 〈여성중앙〉의 자녀교육 칼럼에 흥미로운 설문결과가 실렸다. 부모와 아이를 대상으로 '우리가 사는 이 세상을 어떻게 바라보는지'에 대한 설문조사였다. 아이들은 이 세상을 '재미있고 신나는 세상, 착하고 예쁜 세상'으로 바라보는 반면, 부모들은 '말세, 썩었다, 갈 데까지 갔다'라고 표현하며 세상을 부정적인 시각으로 바라보았다. 이는 부모들의 과거 경험으로 형성된 기준에서 비롯된 것이다. 이러한 부모의 부정적인 시각은 아이들에게도 오롯이 강요되고, 더욱 조장되고 있는 것이다.

만약 지금껏 엄마의 잣대로 아이의 미래를 바라보고 있었다면 잠시 아이의 관점에 초점을 맞춰보자. 아이가 즐겨하는 것, 잘 하는 것, 아이의 관심 분야에 초점을 맞추어 바라보면 아이가 바라보는 세상을 느낄 수 있다. 아이가 하고자 하는 것을 스스로 선택하도록 도울 수 있는 자리는 바로 아이의 딱 반걸음 뒤이다. 그 자리에서 바라보면 아이를 둘러싸고 있는 새로운 관점들이 더 자세히 보일 것이다.

문용린 전 교육부장관은 "교육에서 가장 중요한 것은 아이에게 한 계단 한 계단 스스로 올라가는 법을 가르치는 것이다"라며 느린 교육의 중요성을 말한 바 있다. 느린 교육은 공부를 느긋하고 천천히 시키는 것이 아니라 아이가 스스로 확실히 알게 하는 것이다. "아하!" 하고 깨닫는 순간 공부에 재미를 갖게 되고, 다음 단계에 대한 흥미와 도전하는 마음을 가지게 되는 것이다. 엄마가 딱 반걸음만 뒤에서 걸으면 아이의 모습을 관찰할 수 있다. 아이가 흥미 있어 하는 일에 용기와 희망을 보태줄 수 있으니, 아이는 얼마나 힘이 나겠는가!

마음이 살찌는 시간이 필요하다

"얘야! 지금 시간에 어떻게 집에 있니?"

내가 여느 때보다 두 시간 정도 일찍 귀가한 날이 있었다. 그 시간대는 우리 작은아이가 합기도장에서 운동을 하고 있어야 할 시간이었다. 그런데 나는 아이가 집에 있어서 무척 놀랐던 것이다. 황급히 뛰어나오는 아이의 얼굴은 엄마의 갑작스런 귀가에 무척이나 당황스러운 듯했다.

'무슨 일이 있는 거지?', '게임 하느라 운동하러 가는 시간을 놓쳤나?' 아이의 모습을 보는 순간, 내 마음은 아이에 대한 걱정과 속상함으로 일렁거리기 시작했다. '너 오늘 학원 안 간 거니?'라고 다짜고짜 따져 묻고 싶었지만, 나는 크게 숨을 들이쉬고 그 물음을 꿀꺽 삼켰다. 그리고 나는 아이에게 어떤 것도 언급하지 않은 채 저녁준비에만 열중했다. 계속해서 온갖 말이 목구멍까지 차올라왔지만 아이가 먼저 말할 때까지 딱 반걸음만 뒤에 서 있기로 했다. 참 이상하게도 그렇게 얼마간의 시간이 지나니 나의 일렁이던 마음도 어느새 가라앉아 있었다.

"얘야, 엄마하고 알밤 먹자."

나는 아무 일 없다는 듯이 아이를 불렀다. 그 날 아이가 식탁에 앉으면서 한 말은 아마도 내가 평생 잊지 못할 것이다.

"엄마, 제가 잘못한 일이 있었는데도 저에게 이렇게 밥까지 차려 주시니⋯."

나는 아이의 뜻밖의 말에 놀라면서도 마음속에서는 웃음이 났다. 아이의 말에 녹아 있는 순수한 마음에 크게 감동이 일었다. 엄마와 침묵의 시간 동안 아이 마음속에서 얼마나 많은 생각들이 일어났을까! 엄마에게 어떻게 말할 것인지에 대해 생각하며 긴장도 했을 것이다. 그런데 오히려 엄마가 자신이 그토록 좋아하는 알밥을 준비해 함께 먹자고 하니 아이는 그만 마음의 방어선이 해제되고 만 것이다. 아이 말대로 당연하게 먹던 밥이 평소와 다르게 한없이 고맙게 느껴진 것이다. 밥을 먹는 동안 아이는 왜 도장에 가지 않았는지를 말하기 시작했고, 앞으로 어떻게 할 것인지에 대해서도 의지를 보여주었다.

나는 그 날 아이로부터 한 가지 교훈을 얻었다. 아이는 누구보다 자신의 행동을 잘 알고 있고, 개선할 방법과 의지도 갖고 있다는 것을 말이다. 엄마가 앞서서 판단내리고 다그치는 동안 아이는 생각할 시간을 갖지 못한 채 방어할 자세만 준비하게 되는 것이다. 살짝 반걸음만 뒤에 서서 아이를 바라보면 상황과 아이의 존재가 분리되어 보인다. 그 때 비로소 감정 개입 없이 아이의 얘기를 제대로 들을 수 있다. 아이가 자신의 행동에 대해서 생각하고 스스로 책임질 수 있도록 내버려둘 시간이 필요하다. 그 시간이 바로 아이의 마음이 살찌는 값진 시간이다.

아이를 사랑하는 마음은 자칫 엄마로 하여금 아이에게 더 많은 관심을 쏟고 헌신해야 한다는 사랑의 덫에 빠지게 한다. 이 사랑의 덫은 아이의 일거수일투족에 지나치게 신경을 쓰도록 만들며, 그렇게 하지 않으면 아이가 바르게 자라지 못할 것이라는 불안감마저 조장한다. 사랑의 덫에 빠진 엄마는 아이의 삶에 필요 이상으로 개입하고, 아이를 바꿔보려는 숨 가쁜 시도를 한다. 그 사랑의 노력이 오히려 엄마와 아이 간의 관계를 점점 멀어지게 한다는 것을 정작 엄마는 모르고 있다.

지나침은 모자람만 못하다는 말이 있듯이 엄마의 큰 영향력이 오히려 아이의 빛을 가리는 일이 없었으면 한다. 아이의 삶에 가장 영향력 있는 사람은 바로 엄마다. 딱 반걸음만 뒤에 서서 여유 있고 따뜻한 마음으로 아이를 바라보라. 딱 반걸음 뒤에 서 있으면 아이의 마음이 살찌는 소리가 들린다. 자신을 믿고 기다려주는 엄마 곁에서 아이는 스스로에 대한 존중감을 높여가고, 독립심도 커간다. 아이의 성공이 간절할수록 천천히, 더 천천히 딱 반걸음만 뒤에서 걸어가자.

5. 아이와 함께 비전을 세우다

'왜 나는 하고 싶은 것도, 잘하는 것도 없지?' B는 중학교 3학년이 되면서 부쩍 이런 생각이 많이 들고 자신감도 급격하게 떨어지고 있었다. 그것이 점점 더 부정적인 생각으로 치닫게 되고 '나는 아무것도 하지 못할 거야'라는 절망적인 결론에까지 이르게 되었다. 학교생활이 무기력해지고, 공부에도 열중할 수가 없었다. B는 아무리 생각해도 자신이 무엇을 해야 좋을지, 어떤 것을 더 배워야 할지 모르는 밑도 끝도 없는 고민만 계속되었다.

사춘기 아이와 대화를 하다보면 생각보다 많은 아이들이 자신에 대해 부정적인 이미지를 만들어가고 있음을 알게 된다. 이 시기의 아이들은 스스로를 비하하거나 자책을 하는 경향을 자주 보이곤 한다. 이는 성적이나 친구 등의 외부적인 환경에서 오는 실패감에서도 비롯되고, 자아정체감을 찾아 흔들리는 내적갈등에도 큰 영향을 받는다. 잘못한 일이 생기게 되면 '내가 늘 이렇지 뭐'라는 마음속의 침울한 속삭임과 함께 깊은 자기 비판의 늪으로 빠져드는 것이다. 여기에다 '너 그럴 줄 알았다'라는 엄마의 싸늘한 말까지 합세한다면 부정적인 감정은 눈덩이처럼 커져버린다. 이 감정은 때때로 거친 행동도 마다하지 않는다.

자신에 대한 부정적인 이미지가 점점 커지는 것은 자신감의 부족에서 온다. 아이에게 컴퓨터를 못하게 감시하고, 나쁜 친구들을 만날까봐 걱정하고, 공부하라고 하는 엄마의 잔소리는 아이를 더욱 수동적으로 만들고 자신감을 잃게 만든다. 그냥 두어도 스스로 힘이 드는 이 시기의 아이들에게 잔소리 대신 함께 비전을 세워보라.

왜 공부하는지 몰라서 마지못해 하는 아이와, 명확한 비전을 가지고 자발적으로 하는 아이 중 누가 더 멀리 전진해갈 수 있겠는가!

비전은 자신감과 열정을 불러온다

아이와 비전을 세워보라고 하니 조금은 거창하고 어색하게 느껴지기도 할 것이다. 하지만 실제로 해보면 어렵지 않다. 아이가 비전을 세워보는 것은 작은 시작에 불과하다. 그게 무엇이든 시작은 더 많은 가능성을 만들어가는 발판이 되어준다.

그렇다면 비전이라는 것은 무엇일까? 《카네기 자녀 코칭》의 저자 어거스트 홍은 비전과 꿈에 대해 자크 호로비츠 박사의 정의를 인용하여 아주 쉽게 알려준다. "비전은 마감일이 있는 꿈이다Vision is Dream with Deadline."

비전도 꿈이기는 하지만 일반적인 꿈과 달리 마감일이 정해져 있다는 것이다. 예를 들면 "나는 작곡가가 되고 싶다"는 것은 꿈이고, "나는 작곡가가 되기 위해 20대에 음대에 진학하고, 30대에 한국작곡가상을 받겠다"라는 것은 비전이다. 그래서 '꿈'은 꾸고, '비전'은 이룬다고 한다. 아이가 자신의 비전을 세워보는 것은 미래의 자기 모습을 마음속에 그려보는 것이다. 때때로 비전은 수정하게 될 수도 있고, 더 확대될 수도 있다. 비전을 업그레이드 해나가는 과정을 통해서 점점 자신이 원하는 원대한 비전의 그림이 명확해지는 것이다. 그러므로 아이들 마음에 비전을 심어준다면 자신감과 열정은 보너스로 따라오기 마련이다.

어거스트 홍은 100년 동안 검증되어온 데일 카네기의 '3P 공식'에 따라 3단계로 비전을 설정하기를 제안하고 있다. 첫 번째 단계, 비전은 강력한 언어로 표현되어야 한다. '아마도 ~가 될 거야'가 아니라 '반드시 ~가 된다'라는 표현으로 강력한 믿음과 의지를 담고 있어야 한다. 두 번째 단계, 비전은 미래의 모습을 현재 시점으로 표현해야 한다. '~ 인 것 같아'가 아니라 '~ 하고 있다'라고 미래의 순간을 지금 이 순간 곁에서 보고 있는 것처럼 표현해야 한다. 세 번째 단계, 비전은 긍정적 이미지로 표현되어야 한다. 그래야 성공을 끌어당긴다. 긍정적 자기 암시는 마음 깊은 곳으로부터 자신감을 불러일으키고 열정을 끌어올려 성공으로 이끌기 때문이다. 비전은 자신이 원하는 긍정적인 이미지를 생생하게 현재 시제로 느끼고 강력하게 확신하는 것이다. 비전을 세워보는 것만으로도 아이의 생각이 달라지고, 더 나아가 행동이 달라질 것이다.

거실 벽에 붙여놓은 비전 카드

우리 큰아이는 고등학교 3학년이 되기 전 봄방학을 활용하여 청소년카네기코스를 밟았다. 아이는 자신의 비전 피라미드에 자신의 10년, 20년 후의 미래일기를 작성하고 공유했다. 미래의 모습을 현재처럼 생생하게 작성한 내용을 많은 사람들 앞에서 힘 있게 발표하던 아이의 모습은 당당하고 자신감이 넘쳤다.

그 해 여름방학 때 나는 두 아이와 거실에 모여 앉았다. 큰아이에게 카네기코스에서 작성했던 비전 피라미드에 대한 이야기를 해달라고 부탁했기 때문이다. 비전 피라미드를 작성하는 것은 여러 가지 자기 탐색을 하는 시간이 필요하다. 그래서 우리는 약식으로 비전 카드를 작성하기로 했다. 작은아이는 형과 하는 활동에 신나했고, 큰아이는 자신의 경험을 나눌 수 있는 기회를 가질 수 있어 좋아했다. A4 용지와 유성 매직펜을 준비한 다음 큰아이의 경험과 설명에 따라 각각 비전 카드를 만들기 시작했다. 처음에는 각자 평소에 관심 있어 하는 활동에 대해 이야기를 나누었다. 다음으로, 이루고 싶은 것들에 대해 얘기를 나누면서 조금씩 구체화시켜 나갔다. 마지막으로, 1년 안에 이룰 것과 5년 안에 이룰 것을 한 문장으로 작성했다. 그렇게 작성된 비전 카드는 우리 가족이 늘 볼 수 있도록 거실 벽에 붙여두었다.

"2014년 10월 31일, 피아노 3곡의 연주를 완성한다.
2019년 5월 10일, 합기도 4단을 딴다."

작은아이의 비전이다. 아이는 그 날 이후 상당한 시간을 피아노 연습에 몰두했다. 그 해에 아이는 목표했던 피아노 3곡 이상을 연주하게 되었다. 그리고 합기도는 올해 3단 승단 시험에 응시했고, 또 11월에 있을 스페인 합기도 시범단에 참가하기 위해 훈련에 집중하고 있다.

"2014년 12월 31일, 운전면허를 취득한다.

2019년 10월 10일, 영국, 프랑스, 네덜란드, 그리스를 여행한다."

큰아이의 비전이다. 운전을 하고 싶어 했던 큰아이는 그 해 10월에 친구들 중에 제일 먼저 운전면허를 취득하여 친구들의 부러움을 샀다. 활동적인 큰아이는 유럽 여행을 하겠다는 비전을 세웠다. 놀랍게도 지난해에는 스스로 여행자금을 벌어 짧은 기간에 다녀올 수 있는 태국과 일본 여행을 다녀왔다. 아마도 다음 여행은 큰아이가 세운 비전대로 유럽 여행을 다녀올 것이라고 나는 확신한다.

"2014년 12월 19일, 《FDCC의 밤》 코칭 페스티벌을 개최한다.

2019년 3월 2일, 코칭 MBA과정에 입학한다."

나의 비전이다. 그 해 마음속에만 계획하고 있던 코칭 페스티벌을 성공리에 마쳤고, 그 후 해마다 연말이 되면 뜨거운 코칭의 장이 열리고 있다. 그리고 작은아이가 고등학교를 졸업하는 시점인 2019년 봄, 거실 벽에 붙어 있는 비전과 함께 시작될 새로운 도전을 떠올리면 나는 늘 가슴이 설렌다.

아이들이 세운 비전은 모두 그만한 가치가 있다. 꼭 거창하고 원대해야 하는 것은 아니다. 내가 강요한 것이 아니라 아이들 가슴에서 시키는 일을 비전으로 세웠으므로 진정 위대한 것이다. 비전은 점차 아이들의 환경과 가치관에 의해 업그레이드될 것이다. 중요한 것은 자신의 비전을 향해 달려가는 과정에서 더 소중한 것을 경험하게 된다는 것이다. 그 경험은 다음 단계로 도전하게 하는 튼튼한 발판이 되어줄 것이다. 우리집 두 아이의 비전은 비록 작고 소박하지만 나는 늘 지지와 격려를 아끼지 않았다. 대견하게도 아이들은 스스로 노력해서 그 첫 단계를 모두 해냈다.

어거스트 홍은 《카네기 자녀 코칭》에서 자신이 세운 비전을 종이에 적고, 공유하는 과정은 비전 달성으로 가는 마법의 코스라고 말한 바 있다. 매일 자신이 적어놓은 비전을 바라보면 그만큼 비전의 에너지를 끌어당기게 된다. 또한 가족과 함께 비전을 공유하게 되면 서로서로 응원과 격려를 주고받는 환경을 만들 수 있게 된다. "멋진 비전을 가지고 있구나. 우리 아들이 잘 해내길 응원할게." 엄마가 던지는 응원의 한마디는 비전을 이루어가려는 아이의 마음에 힘찬 날개를 달아줄 것이다.

이렇게 비전을 세우고, 함께 공유하고, 적어 놓으면 목표한 비전을 반드시 이루게 될 것이다. 매일 바라보고, 매일 생각했던 그 일을 자신이 실제로 이루었다고 생각해보라. 가슴이 벅차오를 것이다. 나는 우리 두 아이가 자신의 비전을 하나씩 이루어가며 점점 더 원대한 비전을 찾아가게 되리라는 것을 믿는다. 엄마는 아이가 비전을 세우도록 돕고, 응원하고, 아낌없이 격려해주는 역할만 하면 된다.

6. 나를 다루는 것이 내 아이를 다루는 것

이른 봄과 함께 찾아왔던 아이의 사춘기는 계절의 흐름과 보조라도 맞추듯 여름에 그 절정을 이루었다. 7월의 어느 아침, 큰아이는 학교에 갈 시간이 되어도 일어나지 않았다. 학교를 가지 않겠다는 거였다. 그 날부터 본격적인 사춘기의 폭풍우가 시작되었다. 내 마음도 온통 먹구름으로 뒤덮여졌다.

'얘가 진짜 왜 이러는 걸까? 정말 미쳐 버리겠다.' 치솟아 오르는 분노와 깊은 슬픔을 다스리는 것은 정말 쉽지 않았다. 한편, 다른 마음은 이렇게 나를 다독거렸다. '내가 고함을 친다고 해서 상황이 달라지는 건 아니야.' 두 마음이 번갈아 나를 집어삼킬 듯이 주거니 받거니 다투는 통에 내 마음의 주인은 어디로 가버렸는지 온데간데 없이 자취를 감추어버렸다. 마음속 힘든 싸움을 하던 나는 아이에게 아침밥이라도 먹여야겠다는 생각이 들었다.

지금 생각하면 큰아이가 참 고맙다. "아침밥 먹자"라고 했을 때, 그래도 식탁에 앉아 아침식사에는 응해주어서 내가 할 수 있는 일이 있었다. 스스로도 자신의 감정을 컨트롤하지 못했을 텐데, 내가 다그치면 방어할 태세를 준비하고 있었을 텐데 말이다. 그나마 아이 얼굴을 보며 아침식사를 함께 할 수 있어서 감사했다.

학교에 가지 않겠다고 하는 아이를 집에 두고 출근하는 내 마음은 이루 말할 수 없이 무거웠다. 세상의 모든 일들이 의미 없게 다가왔고, 의욕도 소진되었다. 하루아침에 세상이 일제히 얼굴을 바꿔버린 것 같았다. 왜 내게 이런 일이 일어나는 걸까? 그렇게 잘 해내던 아이가 갑자기 왜 저러는 걸까? 한 치 앞도 보이지 않는 캄캄한 터널에 나 혼자 덩그러니 갇혀 있는 것처럼 꼼짝달싹할 수가 없었다.

나를 어른 되게 하려고 온 아이

힘겨운 하루하루를 보내고 있던 중에 나는 어느 나이 지긋한 어르신과 이야기를 나눌 기회가 있었다. 그 분은 내 얼굴에서 그늘을 느꼈는지 불쑥 이런 질문을 하셨다.

"너한테 아이가 왜 있는 줄 알아?"

갑작스런 질문에 나는 얼른 대답을 하지 못했다. 깊은 침묵이 흘렀다.

"……"

아이라는 단어만 들어도 마음이 아려왔다. 어르신은 몇 분 동안 나를 따뜻하게 바라보고만 있었다. 그러고는 내 손을 꼭 잡으며 이렇게 말해주었다.

"네 아이는 너를 어른 되게 하려고 이 세상에 왔어. 귀한 아이란다."

끝내 내 눈에서는 눈물이 주르르 흘러내리고 말았다. 그 분을 만난 후 내 마음에 작은 움직임이 일어났다. 아이의 작은 흔들림에도 맥없이 넘어지는 나약한 내 자신을 들여다보게 된 것이다. 그동안 큰아이를 얼른 정상적인 상황으로 되돌려야 한다는 조급함에 몰입되어 오히려 내가 아이보다 정신을 차리지 못하고 감정의 널을 뛰고 있었음에도, 아이에게만 문제가 있다고 생각했다. 내 마음이 불안하니 아이도 불안하게 보였다. 내 마음이 분노와 좌절의 절정에 있으니 아이 역시 절망스럽게 보일 수밖에 없었다. 아이의 마음에 잠시 이슬비가 내렸는데, 내 마음에는 폭풍우가 몰아치고 있었다. 결국 아이를 더 깊은 수렁으로 내몰고 있는 것은 바로 나였던 것이다.

아이가 나를 어른 되게 하려고 이 세상에 왔다고 한 어르신의 말씀이 계속 내 귓가를 맴돌았다. 그제서야 '아이가 잘못되어 가고 있다'라는 생각에만 몰입되어 있는 내 모습이 조금씩 보이기 시작했다. 오직 내 삶의 잣대를 가지고 아이의 상황을 평가하고 있었고, 그래서 계속 아이를 설득하고 바꾸려고만 했던 것이다.

'내 모습은 어떤가?', '나는 어떤 말들을 많이 사용하지?', '내가 아이에게 기대하는 것은 무엇인가?', '아이는 나를 어떻게 바라보고 있는가?', '나는 진정 어떤 엄마인가?' 스스로에게 한 가지씩 질문을 던지면서 내 마음의 근본적인 것들부터 개선해나가야 함을 깨닫게 되었다. 나의 내면을 개선하기 전에 아이와의 관계를 개선하려는 것은 부질없는 일이라는 것을 알게 된 것이다.

나는 아이의 상황에 집중하는 것에서 조금 물러나서 나의 결핍과 가능성에 과감하게 마주하고 변화하기로 마음먹었다. 나를 잘 다루는 일이 곧 아이를 다루는 일이라고 생각했기 때문이다. 나의 이러한 깨달음에 더욱 힘을 실어준 것은 볼프강 펠처의 《부모가 된다는 것》에서 읽게 되었던 다음의 글이었다. 이 구절을 접하며 언젠가 어르신이 나에게 말씀해준 것처럼 아이는 내 몸을 빌어서 온 '귀한 아이'란 말을 다시 되새길 수 있었다.

"당신의 아이는 당신의 아이가 아닙니다.
아이들은 당신을 거쳐 이 세상에 태어났지만,
그렇다고 당신에게서 온 것은 아닙니다.
아이들은 자신의 삶을 좇아 이 세상에 온 생명의 아들과 딸입니다."

– 칼릴 지브란

나를 다루는 진짜 공부를 시작하다

은행잎이 노랗게 물들어가는 가을학기에 나는 코칭 교육과정에 등록하게 되었고, 그곳에서 어른이 되는 길의 이정표를 발견할 수 있었다. 이제 나를 다루는 진짜 공부를 시작하게 된 것이다. 그동안 잊고 있었던 인문학, 심리학, 철학 등의 깊이 있는 독서를 할 계기를 만났고, 세상을 바라보는 안목과 마음의 힘을 키우는 훈련을 시작하게 되었다. 코칭은 새로운 차원에서 나를 바라보는 지혜를 알려주었기에 어쩌면 내 삶의 최고 전환점이 되어준 것이나 다름없다.

나를 새롭게 바라보기 시작하니 자연히 아이를 바라보는 관점마저 달라지는 것을 경험하게 되었다. 아이의 사춘기는 조금씩 깊어져 갔지만, 그 속에서도 내가 끊임없이 유지해야 할 마음가짐과 태도가 무엇인지 하나씩 깨달아가고 있었다.

어떤 마음으로 사는가에 따라 세상은 더함도 뺌도 없이 자신의 마음을 되돌려 보여준다는 재미있는 이야기가 있다. 안드레스 라라의 《천개의 거울》에는 각각 다른 마음으로 살아가는 두 마리의 강아지 이야기가 나온다.

강아지들이 사는 작은 마을에는 '천 개의 거울'이 있는 집이 있었다. 항상 행복한 강아지는 그 집이 너무나 궁금했다. 그래서 행복하고 즐거운 마음을 가진 강아지는 꼬리를 흔들며 '천 개의 거울'이 있는 집으로 가서 방문을 열었다. 그 방에 들어서니 놀랍게도 천 마리의 강아지가 자신을 바라보면서 행복하고 즐겁게 웃어주었다. 늘 으르렁거리며 성난 얼굴을 하고 있는 강아지가 이 소식을 듣게 되었다. 행복한 세상이 있다는 그 집에 가보고 싶었다. 빼꼼히 문을 열고 들어서는데 이럴 수가! 천 마리의 강아지가 일제히 불쾌한 얼굴로 자신을 바라보며 무섭게 으르렁거리는 것이 아닌가! 성난 얼굴의 강아지는 다시는 이 무서운 곳에 오지 않겠다며 방을 나가버렸다.

이처럼 세상의 모든 얼굴은 나의 모습을 비춰주는 거울이다. 나는 항상 웃는 강아지처럼 내 마음이 온전히 안정을 취할 수 있도록 지속적으로 훈련했다. 그 에너지가 그대로 거울이 되어 아이에게 전해질 거라고 믿고 또 믿었다. 정말 신기하게도 그 믿음은 하나씩 현실이 되었다. 큰아이와 편하게 얘기를 나눌 수 있는 시간이 조금씩 생겨났기 때문이다.

결국 변화시킬 수 있는 것은 단 한 사람, 오직 나 자신뿐이다. 내 감정을 알고, 관리할 수 있게 되면 주변의 모든 것이 예전과는 다른 모습으로 다가오게 된다. 코칭은 그렇게 나와 주변을 다룰 수 있는 엄청난 힘을 갖게 해주었다.

독감에 걸리면 아무리 강력한 주사와 약 처방을 하더라도 아플 만큼 아픈 후에야 회복하게 되는 것처럼 큰아이는 그 이후로도 삶의 긴 오솔길을 걸어가야 했다. 하지만 나는 이미 코치력을 쌓아가고 있었기에 그 아이가 걸어가는 가시밭 오솔길을 기꺼이 동행할 수 있었다. 나는 아이가 '나를 어른 되게 하려고 온 귀한 아이'라는 말을 늘 기억한다. 실제로 큰아이는 내 삶의 귀한 스승이나 다름없다.

7. 발이 걸려 넘어진 자리에 있던 보물

우리는 살아가는 동안 예기치 않은 여러 시련들을 만나게 된다. 뜻하지 않게 찾아온 시련은 우리 마음에 상처를 내고 절망을 안겨준다. 그리고 우리는 그 시련에 맥없이 넘어지고 만다. 나도 아이의 사춘기에 채여 보기 좋게 넘어졌다. 하필이면 왜 나에게 이런 힘든 일이 벌어졌느냐고 아무리 원망해보아도 다시는 이전의 일상으로 돌아갈 수 없었다. 그럴수록 상처받고 가슴 아픈 시간만 쌓여갈 뿐이었다.

긴 아픔의 시간을 지나 돌아보니 내가 넘어진 바로 그 자리에 있는 소중한 것들을 볼 수 있었다. '넘어진 자리마다 꽃이 피어나더라'는 김종선 작가의 말처럼, 살면서 만나는 시련의 매순간에는 반드시 그만한 크기의 값진 선물이 준비되어 있었다. 다시는 일어서지 못할 것 같은 절망스러운 자리에서도 늘 삶의 새로운 가능성이 자라나는 것이다. 이왕 물에 빠진 김에 깊은 바다 속으로 들어가 진주를 줍고, 돌부리에 걸려 넘어진 자리에서 보물을 발견하게 된다면 시련은 더 이상 시련이라고 할 수 없다. 결국 그 값진 선물을 받고 받지 않고는 어떤 마음으로 시련을 바라보느냐에 달려 있을 것이다. 마릴리 애덤스Marilee G. Adams의 《삶을 변화시키는 질문의 기술》에 소개된 신화학자 조셉 캠벨Joseph Campbell의 이야기를 읽어보면 우리는 시련이 주는 선물이 무엇인지 되새겨볼 수 있다.

아주 오랜 옛날에 한 농부가 살았다. 농부는 더운 여름 들판에서 땀을 뻘뻘 흘리며 일을 하고 있었다. 그런데 갑자기 쟁기가 뭔가에 걸려 움직이지 않는 것이었다. 안 그래도 덥고 힘들어 죽겠는데 쟁기까지 걸려 꼼짝달싹하지 않으니까 농부는 짜증이 머리끝까지 솟구쳤다. 일이 안 되니 어쩔 수 없이 털썩 주저앉았다. 땀이 빗방울처럼 흘러내렸다. 잠시 후 농부는 마음을 바꿔먹고 쟁기 주변의 흙을 파내기 시작했다. 한참을 파내려갔을 때쯤 쟁기에 쇠로 된 고리가 걸려있는 것이 보였다. 고리를 천천히 잡아당겨보니 오래된 철 궤짝이 딸려 올라왔다. 세상에! 그 궤짝 안에는 눈부신 보물들이 찬란히 빛나고 있었다.

농부가 보물 궤짝을 발견한 것처럼 나도 발이 걸려 넘어진 그곳에서 굉장한 보물을 발견했다. 아이로 인해 절망적인 상황을 만나 맥없이 넘어졌지만 코치력이라는 큰 보물 궤짝을 선물 받은 것이다. 그 궤짝에 들어있던 수많은 보물 중에서 가장 값진 것들을 몇 가지 적어본다.

첫 번째 보물_ 가슴 뛰는 꿈을 만나다

누군가 지금의 나에게 "당신은 행복한가요?"라고 묻는다면 나는 기꺼이 "네! 진짜로 행복합니다"라고 말할 수 있다. "어떤 꿈을 가지고 있나요?"라고 물어본다면 나는 거침없이 "가슴이 쿵쾅 쿵쾅 뛰는 꿈을 가지고 있어요"라고 말할 수 있다. 코칭이 나에게 준 최고의 보물이다.

결혼하고 아이들을 키우면서 나를 잠시 잊고 있었다. 내가 좋아하는 일이 무엇이었는지, 꿈 많은 대학시절에 하고 싶었던 일은 무엇이었는지 그동안 완전히 잊고 있었다. 주변 엄마들과 만나서 차라도 마시게 되면 나는 온데간데없어진다. 엄마로서, 아내로서만 존재할 뿐이었다. 내 삶의 대부분을 채우고 있는 것은 나 자신이 아니라 아이들과 남편이었다. 그들을 내 바람대로 가꾸느라 시간과 에너지를 집중하고 있었던 것이다. 남편과 아이들이 이루어낸 성과가 곧 나의 성과라도 되는 것처럼 말이다.

나는 코칭을 공부하는 동안 온전히 자신에게만 집중했다. 내가 좋아하고 잘하는 것이 무엇인지 하나씩 탐색해나갔다. 그리고 얼마 지나지 않아 가슴 깊숙이 가라앉아 있던 나의 꿈과 만날 수 있었다. 그 때 작성했던 내 삶의 소명을 떠올려본다.

'세상 사람들이 삶의 진정한 의미와 꿈을 발견하여 행복한 삶을 살도록 돕는 진정성 있는 코치가 되겠다.'

이 소명은 세상을 바라보는 시야를 넓혀주고, 현재 내게 주어지는 상황들을 여유롭게 바라보게 한다. 나는 이 소명을 이루어가는 과정을 통해서 내 아이의 코치가 되는 것은 물론이고, 세상의 많은 사람들에게 코치로서 선한 영향력을 끼치게 될 것이다. 또한 내 소명대로 소신 있게 살아가는 모습은 아이들에게도 멋진 거울이 되어줄 것이라고 믿는다.

두 번째 보물_ 내 아이를 새롭게 만나다

아이 문제로 고민이 깊은 한 엄마와 얘기를 나누게 되었다. 아이가 그동안 줄곧 반에서 1, 2등을 놓치지 않았는데 이번 기말고사에서 7등으로 쑥 내려갔다며 그 엄마는 깊은 한숨을 내쉬었다. 그 일로 아이와 언짢은 얘기를 나누게 되었고, 그 이후로 아이는 엄마와 눈길도 마주치지 않는다고 한다. 그 엄마는 답답한지 연신 손으로 가슴을 쓸어내리곤 했다. 나는 조심스럽게 물어보았다.

"걱정되는 게 성적인가요? 아이인가요?"

엄마는 성적에 대한 걱정을 내려놓을 수가 없었나보다. 아이의 마음보다 성적을 회복할 대안 찾기에 바쁜 그 엄마를 보면서 나는 잠시 안타까운 마음이 들었다. 분명 아이의 성적이 내려가게 된 이유가 있을 것이다. 아이에게 어떤 마음의 변화가 있었을까? 아이의 마음과 만나지 않고서는 그 이유를 알 수 없을 뿐더러 성적을 올릴 수 있도록 도울 방법도 없다.

그 엄마는 성적이 아니라 아이에게 먼저 관심을 가져야 한다. 아이 마음이 어떤 상태인지, 무슨 고민이 있는지 공감해주고 잘 안 될 때도 있다고 다독여주는 것이 먼저다. 아이는 존재 그 자체로 소중하다. 성적이 좀 내려갔더라도, 잘못한 일이 있더라도, 엄마의 기대에 못 미치더라도 온전한 존재로 인정해줄 때 아이는 마음을 활짝 열어놓는다. 오늘은 사랑스런 아이이고, 내일은 나쁜 아이가 되어서는 안 된다. 학교 성적표에는 아이의 현재 마음 상태가 나와 있지는 않다. 성적표만이 아이를 평가하는 절대적 기준이 되어있는 요즘의 세태가 너무나 안타깝다.

아이의 건강과 마음 상태, 고민, 좋아하는 친구, 스트레스의 정도, 아이의 꿈에 대해서 따뜻한 관심을 가지게 되면 매일매일 새로운 내 아이를 만날 수 있다. 나는 코치력을 통해서 아이를 있는 그대로 바라볼 수 있는 마음을 가지게 되었다. 그리고 날마다 새로운 내 아이와 만나고 있다.

세 번째 보물_ 내 곁에는 항상 코치가 있다

자신의 내면 깊은 곳에 얼마나 놀라운 힘이 있는지 알고 있는가? 누구나 자기만의 탁월함과 가능성을 가지고 있다. 코칭을 통해서 그 힘을 발견하고 최대한 발휘하도록 도와주면 사람들은 놀라운 경험을 하게 된다. 코치는 한 사람이 자신만의 특별한 가치를 발견하고, 그 가치와 잠재력을 발휘하여 최고의 성과를 낼 수 있도록 돕는 사람이다. 당신 곁에 항상 코치가 함께하면서 당신을 지지하고 격려해주고 있다는 것을 상상해보라.

세계적인 전문코치 폴정은 《바라보면 가슴 뛰는 것들》에서 성공한 사람들 곁에 있었던 코치들의 놀라운 이야기들을 들려준다. 노벨평화상 수상자인 무함마드 유누스는 자신과 아주 친한 코치인 데이브 엘리스로부터 꽤 오랫동안 코칭을 받았으며, 자신이 경험한 코칭에 대해 이렇게 인터뷰했다.

"코치는 내가 가지고 있음에도 지금껏 한 번도 사용하지 않았던 나의 '능력 버튼'을 보도록 해줍니다. 물론 그는 나의 능력 버튼이 무엇인지 모릅니다. 단지 코칭 질문들을 천천히, 효율적으로 던질 뿐입니다. 나는 그 질문을 따라가며 내 능력의 어두운 부분도 발견하게 됩니다. 코치는 '무엇을 해야 한다'고 충고와 조언을 하지 않습니다. 나의 능력을 끄집어내줄 뿐만 아니라 나의 능력을 발견하도록 해줍니다. 즉 코치는 '나만의 탁월성'을 발견하도록 해줍니다."

내 곁에는 나의 '능력 버튼'을 발견하도록 도와주는 든든한 코치들이 있다. 내가 어떤 상황에 몰입되어 한쪽으로만 바라보고 있을 때 내가 미처 생각하지 못했던 다른 새로운 장소를 볼 수 있도록 플래시를 비춰준다. 코치는 내가 "아~ 그래, 맞아. 이제야 알았어"라고 외칠 수 있는 새로운 사고와 만나도록 돕는다. 나는 내 곁에 항상 코치를 초대한다.

아이 문제로 내가 발이 걸려 넘어진 곳에 있었던 코치력은 나를 가장 나답게 성장시키고, 엄마로서 진정한 역할을 할 수 있도록 도와주었다. 넘어지지 않았다면 결코 갖지 못했을 삶의 보물들을 가질 수 있게 된 것이다.

어쩌면 삶의 진정한 보물은 시련이라는 얼굴로 모습을 바꾸어 우리에게 찾아오곤 한다. 이미 나에게 벌어진 힘든 일이라면 그것에서 무엇을 얻을 것인지에 마음을 집중하자. 그러면 주변 환경은 자연히 나를 도와 최적의 시스템을 갖추어줄 것이다.

매일매일 고백하기

Q. 당신의 아이 또는 배우자가 날마다 당신에게 진심을 담아 사랑한다는 고백을 해준다면 당신의 마음은 어떨까요? 어떤 마음이 더 깊어질까요?

Q. 당신은 얼마나 자주, 진심을 담아 고백하고 있나요?

사랑
고마움
믿음
존중
이해

사랑은 행동을 통해서 이루어진다고 한다. 고마움과 믿음, 존중, 이해 역시 말과 행동으로 표현해야 한다. 자신의 마음속에만 담아두고 배우자나 아이가 당연히 알고 있을 거라고 생각하는 것은 이기적인 기대일 뿐 아니라 큰 착각이다. 말과 행동으로 표현되지 않으면 아무도 모른다. 모르기 때문에 오해를 불러일으키고, 상처받고 실망하게 되는 것이다. 더 중요한 것은 말과 행동으로 표현된 사랑과 고마움, 믿음, 존중, 이해 그 가치가 점점 더 깊어진다는 것이다. 그리고 더 큰 에너지로 자신에게 돌아올 것이다.

Practice 1) 목록작성하기

• 아이가 나에게 어떤 말을 듣고 싶어 하는가?

* _____   * _____

* _____   * _____

• 아이에게 고마운 것은 어떤 것이 있는가?

* _____   * _____

* _____   * _____

| 사랑 |
| 고마움 |
| 믿음 |
| 존중 |
| 이해 |

Practice 2) 고백하기

· 날마다 아이의 눈을 바라보면서 사랑한다고 고백해보라.
부모에게, 배우자에게, 아끼는 동료에게, 소중한 친구에게 "사랑해",
"고마워", "믿어", "존중해", "이해해"라고 고백해보라.

· 거울 속의 나를 보며 "난 너를 사랑해", "난 너를 존중해", "난 네가 고
마워"라고 말해보라.

CHAPTER 2

엄마여,
코치력으로 단단히 무장하라

내 아이를
Only-One으로 만드는 코치력

1. 관리자엄마 VS. 코치엄마

주말이라 조금 늦게 일어난 우리 작은아이가 아침밥을 먹고 난 후 씻지도 않은 채 컴퓨터 게임 속으로 빠져 들어갔다. 무어 그리 재미있는지 컴퓨터 게임에 빠져들어 계속 깔깔거리고 있었다. 그날은 얼마 뒤에 있을 합기도대회에 참가하기 위해 도장에서 단체훈련을 하는 날이었다. 그런데 훈련할 시간이 훨씬 지났는데도 꿈쩍하지 않는 아이를 보고 있자니 속상한 감정이 밀려오기 시작했다. 미리 가서 훈련준비를 했으면 하는 기대감 때문인지 몇 번을 다정하게 말했지만, 아이는 계속 "알겠어요"라고 건성으로 대답만 할 뿐이다.

감정을 꾹꾹 누르고 있던 나는 급기야 방으로 들어가 컴퓨터 선을 확 뽑아버렸다. 그때 작은아이의 눈빛은 먹이를 빼앗긴 맹수의 그것처럼 돌변하며 소리를 내질렀다.

"엄마가 뭔데 마음대로 컴퓨터를 끄는 거야!"

"애가 도대체 무슨 말버릇이야!"

이미 인내의 한계를 한참이나 벗어나 있던 내 손은 의지와 상관없이 덜덜 떨리기 시작했다. 아이의 태도에 당황스러웠던 것일까, 예사롭지 않은 눈빛이 두려웠던 것일까, 소리 지르는 것 때문에 화가 난 것일까… 복잡 미묘한 감정들이 뒤섞인 채 나는 할 말을 잃고 그 자리에 서 있을 뿐이었다.

"엄마 때문에 게임이 끝장났어!"

작은아이는 원망이 가득 배인 말을 뱉어내며 화장실로 들어가 버렸다.

어느 때부턴가 아이의 목소리가 굵어지는가 싶더니 인상을 쓰면 험상궂은 건달처럼 무서운 표정이다. 이번 일도 단지 버릇이 나빠서라거나 일부러 엄마에게 소리 지르고 인상을 쓴 건 아닐 것이다. 아이도 엄마의 행동에 화가 났고, 자신도 모르게 반사적으로 일어난 행동일 것이다. 자신이 알아서 할 텐데 엄마가 계속 간섭하고 지시하는 것 같아 반발심이 일었고, 게다가 게임이 진행되고 있는 중에 컴퓨터 선을 뽑아버렸으니 욱하고 화가 치밀어 오르는 것을 주체할 수 없었을 것이다.

사춘기 아이는 이제 '스스로 알아서 한다'는 생각이 자라나고 있다. 엄마가 보기에는 어설프기 그지없지만 적어도 아이 입장에서는 그렇다. 아이 마음은 자라나고 있는데, 엄마는 여전히 아이의 스케줄을 챙기고 관리하며 아이의 삶에 관심이 너무 집중되어 있다. 엄마는 기대대로 따라주지 않는 아이에게 화가 나는 반면, 아이는 계속 잔소리하는 엄마의 모습에 짜증이 난다. 이제 엄마는 어떤 역할로서 아이의 곁에 있어야 할까?

두 번째 탯줄을 자르는 일

볼프강 펠처Wolfgang Pelzer는 《부모가 된다는 것》이란 책에서 엄마와 아이가 서로 떨어지는 행위를 탯줄을 자르는 일이라고 표현했다. 첫 번째 탯줄을 자르는 일은 아이가 갓 태어났을 때 아이와 엄마를 하나로 이어주던, 이제는 필요 없는 무감각한 기관을 자르는 일로 병원에서 이루어졌다. 그것은 아이도 엄마도 전혀 힘들지 않은 자연스러운 일이었다.

이제 아이가 어느 정도 자라 자율적인 판단과 행동을 시도하기 시작할 때, 엄마는 두 번째 탯줄을 잘라야 한다. 마음의 탯줄을 자르는 일은 엄마로서 무척 가슴 아픈 일이다. 사춘기 아이를 도와주고 싶은 마음과 독립성을 갖추도록 하는 것 사이에 마음의 균형을 맞추는 일이 그렇게 녹녹하지 않기 때문이다.

법륜 스님은 사춘기 아이에게 엄마가 주어야 할 사랑은 '지켜봐주는 사랑'이라고 말한다. 사춘기가 되면 무엇이든 자기가 직접 해보려고 하는 주체의식이 생겨나기 때문이다. 그저 지켜봐주는 사랑이 아이를 성숙해지도록 돕는 길이라는 것이다. 아이가 넘어지고 자빠지기도 하겠지만, 이러한 시행착오를 겪는 동안 그런 경험을 통해 성숙해져가는 것이니 안타까워도 기다려주고 지켜봐주어야 한다.

지금 사춘기를 맞이한 아이의 엄마들은 대부분 과거 주입식 교육을 받고 자란 세대들이다. 자기 의견을 내기보다 그저 책상에 앉아 선생님의 지시를 따르는데 익숙한 세대들이다. 어쩌면 대화로 문제를 해결해나가는 능력을 갖출 기회가 거의 없었던 세대인지도 모른다. 그러다보니 엄마가 되어서도 아이와 대화를 나누는데 많이 서툴다. 그저 "이거 해라", "저거 해라"와 같은 명령과 지시만으로 소통하고 있는 것 같다. 결과적으로 아이들의 하루를 관리하고 점검하는 것으로 엄마의 역할을 다하고 있는 셈이다. 엄마는 아이를 더 좋은 학원에 보내고, 나태해지지 않도록 쉴 틈 없이 학원 뺑뺑이를 돌린다. 학원까지 차로 실어 보내고, 심지어 학원이 끝나는 한밤중까지 기다린다. 이것으로 '나는 최선을 다하고 있는 엄마다'라며 아이의 미래에 대한 불안감을 덜어내고 있을 수도 있다.

물론 아이의 선택이라면 기꺼이 엄마가 도와주고 후원해주는 것이 마땅하다. 다만 그것이 엄마의 기대를 반영한 소망이고, 남들이 하니까 아이에게 강요하는 것이라면 엄마는 늘 아이 곁에서 관리자 역할을 하며 살아야 할지도 모른다.

이제 코치엄마다

아이가 변화하고 성장한다는 것의 불가피성을 이해한다면 엄마는 아이와 지금보다 훨씬 풍요로운 관계를 형성할 수 있다. 더군다나 엄마와 아이의 관계가 사춘기를 지나 성인이 되어서도 지속되는 관계라는 것을 생각해볼 때, 장기적인 시각에서 아이와의 관계를 재조명해봐야 할 것이다.

그렇기 때문에 아이가 사춘기가 되면 엄마는 관리자로서의 역할이 아닌 아이의 성장을 더욱 효율적으로 돕기 위한 새로운 역할을 준비해야 한다. 분명 엄마 스스로도 뭔가 변해야 한다는 것을 느끼고 있을 것이다. 단지 무엇을 어떻게 해야 할지 잘 모르고 있을 뿐이다. 이제 아이의 이야기에 귀 기울이고, 올바른 선택을 할 수 있도록 질문하고 후원하는 코치엄마로서 아이들과의 관계를 새롭게 시작해보자.

다이애나 해스킨스^{Diana Haskins}는 《자녀를 성공시키려면 코치가 되라》에서 엄마는 아이가 성장함에 따라 세 가지 역할을 경험하게 된다고 한다. 0~6세까지는 교사엄마의 역할로 음식을 먹이고, 달래주고, 책을 읽어주고, 함께 놀아준다. 7~12세까지는 관리자엄마로서 아이의 스케줄을 관리하고 아이의 관심사를 탐구할 수 있도록 돕는다. 아이가 13세 이후에는 스스로 스케줄을 관리하고 결정하기 시작한다. 이때부터는 관리자로서의 엄마 역할은 더 이상 의미가 없어지는 것이다. 관리자엄마로서의 역할을 끝내지 못한 채 아이의 사춘기를 맞이하게 되면 아이와의 갈등은 피할 수 없게 된다. 엄마는 아이를 챙겨주고 도와주고 싶은 사랑의 의도로서 최선을 다하지만, 아이에게 그 좋은 의도는 전해지지 않는다. 그저 잔소리나 하는 사람으로 여겨질 뿐이다. 다이애나 해스킨스는 이렇게 말한다.

"그 후에는 무엇을 해야 할까? 자녀와 부모라는 관계는 변함이 없지만, 당신의 역할은 달라져야 한다. 당신은 의도적으로 결정을 내려야 한다. 즉, 계속 숙제를 감시하며, 옷 고르는 것에 대해 잔소리하고, 아이들의 침묵에 좌절하든가, 그렇지 않으면 아이의 변화를 자연스럽게 받아들이고 코치부모의 역할을 맡든가 해야 한다."

계속해서 교사로서, 관리자로서 아이의 사춘기와 고군분투할 것인가, 아니면 사춘기 아이의 변화를 건강한 성장의 과정이라고 받아들이며 코치엄마의 역할을 맡을 것인가? 이제 엄마는 자신의 역할에 대한 방향을 잡아야 한다.

코치엄마가 된다는 것은 무엇을 어떻게 한다는 것일까? 어떤 새로운 것들을 배워야 하는 것일까? 결코 어렵지 않다. 무엇보다 아이들의 생각과 아이디어를 존중한다는 마음을 보여주는 것이다. 이는 아이가 말하는 것과 생각하는 것을 깊이 경청하고, 아이가 흥미 있어 하는 것에 관심을 가져주며, 아이의 개성을 인정해준다는 것을 의미한다. 코치엄마가 된다면 아이의 자존감을 높여주고, 아이가 자신의 삶을 주도적으로 꾸려나갈 수 있는 마음의 근육을 키우도록 도울 수 있다. 그렇기 때문에 당신은 아이가 사춘기가 되기 전에 코치엄마가 되기 위한 준비를 시작해야 한다. 코치력을 가지기 위해 훈련하고 노력하라. 아이와 좋은 관계를 유지하고 그들의 잠재력을 키워나갈 수 있는 열쇠는 엄마가 가지고 있다. 우리는 그럴 만한 능력을 충분히 가지고 있다.

2. 믿어주는 엄마_ 온전히 100% 믿는 것

꿈을 긷는 마중물

옛날 시골집에는 손으로 펌프질을 해서 물을 길어야 하는 펌프가 있었다. 펌프질을 하면 깊은 지하수에서 펌프질한 만큼 물을 길어 올릴 수 있었다. 그런데 잠시 사용을 안 하게 되면 물이 잦아들어 아무리 펌프질을 해도 물을 길어 올릴 수 없었다. 이때 한 바가지의 물을 펌프에 붓고 펌프질을 하면 시원한 물이 펑펑 쏟아져 나온다. 이 한 바가지의 물을 '마중물'이라고 한다. 그래서 항상 펌프 옆에는 마중물 한 바가지를 놓아두었다고 한다. 한 바가지의 마중물을 시작으로 지하수의 깊은 물이 솟아올라오는 것이다. 놀라운 마중물이 아닌가!

아이 마음속에 있는 빛나는 꿈을 길어 올릴 마중물은 무엇일까? 그것은 아이에 대한 엄마의 온전한 믿음이다. 아이가 진정 원하는 것을 찾도록 돕기 위해서는 엄마의 믿음이 필요하다. 많은 엄마들이 아이가 충분히 할 수 있는 일임에도 대신 해주려고 하다 보니 '엄마가 알아서 다 해줄게'라는 위험한 유혹에 빠지고 만다. 아이에게 생각해볼 여유도 주지 않은 채 엄마가 먼저 해답을 제시하고 아이가 그것에 따르기만을 강요하는 것이다.

가령 서점에 가서 책을 고른다고 하자. 엄마가 먼저 "이 책보다는 저 책이 좋으니까 저걸로 사자"라고 한다면 엄마는 아이가 스스로 원하는 책을 고를 수 있다는 믿음을 가지고 있지 않은 것이다. 아이가 선택하고 결정할 수 있는 기회를 빼앗아버림으로써 아이는 스스로 선택의 권리가 없다는 것을 경험하게 된다. 비록 아이의 선택이 엄마의 기준에 만족스럽지 못하더라도 아이를 온전히 믿어주어야 한다.

아이가 자신의 일을 창조적으로 해결해나갈 수 있다고 믿어주는 것은 엄마가 아이 마음에 부어주는 한 바가지의 마중물과 같다. 아이는 엄마의 온전한 믿음으로 자신의 가능성을 하나씩 끄집어내기 시작하는 것이다. 그러는 동안 아이 스스로도 자신을 온전히 믿는 힘을 길러나간다.

온전한 믿음

영화 〈마스크〉의 주연배우 짐 캐리^{Jim Carrey}는 자신을 온전히 믿고 그 믿음을 실현한 사람으로 유명하다. 그는 캐나다 출신으로 영화배우가 되려는 꿈을 품고 미국 LA로 갔다. 무명시절, 너무나 가

난했던 그는 하루를 햄버거 하나로 때우며 낡은 중고차에서 잠을 자고, 호텔 화장실 등에서 세수를 하며 지냈다고 한다. 그러던 어느 날, 그는 할리우드의 가장 높은 언덕에 올라가 문구점에서 구한 가짜 백지수표에 스스로에게 1천만 달러를 지급한다는 수표를 발행한다. 그리고 실직과 가난으로 힘들어 하는 아버지를 위로하기 위해 1천만 달러가 적힌 가짜수표를 보여드리며 반드시 진짜로 바꾸어주겠다고 호언장담을 한다. 그는 항상 그 수표를 지갑에 넣어 다니며 1천만 달러의 개런티를 받는 영화배우가 되겠다는 다짐을 되새기곤 했다. 그 수표의 지급일자는 5년 뒤인 1995년 추수감사절이었다. 그는 정확히 1995년에 영화 〈덤 앤 더머〉의 출연료로 7백만 달러, 이후 영화 〈배트맨〉으로 1천만 달러를 받았다고 한다.

짐 캐리의 성공의 바탕에는 자신에 대한 무한한 믿음이 있었다. 된다고 생각하면 최소한 90% 이상에는 도달한다. 그러나 1%라도 안 된다고 생각하면 그 어떤 것도 이루어질 수 없다. 그러니까 무조건 100% 온전히 믿어야 하는 것이다. 자신에 대한 믿음이든, 아이에 대한 믿음이든 온전히 믿는 것은 자신의 무한한 잠재력을 쉼 없이 길어 올리도록 첫 마중물을 부어주는 것이다.

자신의 믿음이 이루어진다는 것을 '자기충족예언'이라고도 표현한다. 이는 자신이나 다른 사람의 꿈이 이루어질 거라고 강력하게 믿음으로써 끊임없이 격려하고 동기부여하면서 꾸준히 행동을 변화시켜 나갈 때 실제로 그 믿음대로 이루어지게 되는 것을 말한다.

이런 효과를 가리켜 '피그말리온 효과'라고도 한다. 누군가가 긍정적인 기대를 받으면 그에 맞는 방향으로 노력하여 긍정적인 결과를 이루어낸다는 의미를 담고 있다. 이 효과는 그리스 신화 속 피그말리온 이야기에서 유래되었다. 키프로스 섬의 왕 피그말리온은 아름다운 여인상을 조각하게 되었는데, 그는 그 조각상을 진심으로 사랑하게 되었다. 그의 깊은 사랑에 감동한 여신 아프로디테는 그의 소망과 믿음대로 조각상에 생명을 불어넣어 살아있는 여인이 되게 해주었다고 한다.

피그말리온이 자신의 믿음을 실현할 수 있었던 것처럼, 우리도 가슴 깊이 간절히 원하는 것들을 이룰 수 있다. 당신이 간절히 원하는 것은 무엇인가? 또 아이가 어떻게 자라기를 간절히 원하고 있는가? 그 믿음은 어느 정도인가? 온전히 100%의 믿음을 가지고 있는가? 지금 이 순간에도 스스로에게 진지하게 물음을 던져보라.

아기가 걸음마를 시작할 때 엄마는, 얼마 지나지 않아 잘 걷게 되고, 곧 뛰어다니게 될 것이라고 100% 믿었다. 그래서 아기가 걷다가 넘어지더라도 혼자 일어설 수 있도록 응원해주고 기다려주었다. 그런데 엄마의 그 온전한 믿음은 어디로 사라진 것일까? 아이들의 몸이 자라고 있는 것처럼 이제는 마음근육이 자라고 있는데 말이다. 마음은 눈에 보이지 않아서 얼마만큼 자라고 있는지 보이지 않는다. 그래서 그런 걸까? 엄마는 아이를 믿지 못하고 불안해한다. 아기가 걸음마를 배울 때처럼, 마음근육이 자랄 때도 엄마의 믿음과 응원이 필요한 것이다. 아이가 주도적으로 자라주기를 바라면서도 정작 그렇게 하지 못하도록 막고 있는 것은 엄마의 마음이다. 많은 것을 대신해주고 챙겨주면서 아이 스스로 하지 않는다고 속상해한다.

믿는다는 것은 기다리는 것이다. 필요하다면 몇 번이고 넘어지고 일어나는 것을 지켜봐야 한다. 도와주는 것은 오히려 쉽다. 도와줄 수 있는 데도, 마음이 아파도 그저 지켜볼 수 있는 힘이 진정 위대한 것이다. 그 힘은 오직 아이를 온전히 믿는 데서 출발한다.

믿음과 기다림은 절친한 친구다

생물학자인 앨프리드 러셀 월리스Alfred Russel Wallace가 쓴 책에 누에나방이 번데기에서 벗어나 나비로 탈바꿈하는 과정을 그린 이야기가 나온다. 번데기에서 고치를 뚫고 나오는 과정에서 어린 나비는 고치의 바늘구멍만한 틈을 통과해야만 아름다운 나비가 되어 날 수 있다. 어린 나비가 그 틈을 통과하는 데는 꼬박 한나절이 걸린다고 한다. 그 힘든 과정을 지나면 어린 나비는 화려하고 아름다운 나비가 되어 날아간다. 그런데 신기한 것은 작은 구멍을 어렵게 나온 나비는 훨훨 날아가게 되는데, 그 구멍을 너무 쉽게 벗어난 나방은 날지 못하고 떨어져 죽는다고 한다. 이는 좁은 구멍을 나오려는 발버둥과 온갖 몸부림이 나비의 날개근육을 강하게 만들었기 때문이다.

이 이야기는 우리가 아이를 온전히 믿는 것과 기다리는 것이 얼마나 중요한지를 깨닫게 해준다. 어린 나비가 날개근육을 키우는 것처럼 사춘기 아이들도 자신의 마음근육을 키워나가고 있다. 안타깝고 도와주고 싶은 마음은 간절하지만, 아이를 믿고 기다려주는 엄마가 되어야 한다. 내 아이가 다른 아이보다 좀 뒤처져도, 다소 버릇없는 모습을 보여도 이것은 어린 나비가 고치를 통과하고 있는 과정과 같은 것임을 잊지 말았으면 좋겠다.

아이를 온전히 100% 믿는다는 것은 아이 마음속에 있는 꿈을 길어 올리는 기적의 마중물이다. 아이의 마음근육이 조금씩 자라고 있는 것을 사랑스럽게 바라보며 기다리자. 그 믿음이 온전하지 않으면 자꾸만 아이를 도우려는 유혹에 빠지게 된다. 엄마의 도움은 간섭과 잔소리가 되어버릴 확률이 매우 높다.

코치력은 아이를 온전히 믿고 기다려주는 힘이다. 아이에게 창의적인 자원이 있음을 믿어라. 지금은 여리고 가늘지만, 하나씩 경험을 통하여 점점 강한 근육으로 만들어질 것이다. 그게 무엇이든 스스로 할 수 있다고 믿어주고 기다려주는 코치엄마 곁이라면 아이는 화려한 나비가 되어 세상을 훨훨 날게 될 것이다.

3. 공감하는 엄마_ 말문에 봇물이 터지다

말문에 봇물이 터지다

야간 자율학습을 마치고 지친 몸으로 돌아온 우리 작은아이가 잔뜩 풀죽은 목소리로 말했다.

"엄마, 나는 공부에 소질이 없는 것 같아요."

"저런! 네가 공부에 소질이 없는 것 같다는 생각이 들었어?"

"네, 공부해도 성적도 안 오르고…"

"성적이 안 올라서 많이 속상하구나?"

"네, 친구들은 공부 안 해도 성적이 잘 나와요."

"음~ 친구들은 공부 안 해도 성적이 잘 나온다니… 네가 공부할 마음이 안 나겠다."

"네 맞아요, 엄마! 솔직히 공부할 마음이 안 나요… 엄마, 나도 공부를 잘할 수 있을까요? 나도 놀고 싶은데…"

"공부도 잘하고 싶고, 놀고도 싶은 마음이 함께 있는 거구나."

"그런데 사실은 공부를 잘하고 싶은 것보다 그냥 친구들보다 잘하고 싶어요. 친구보다 못하니까…"

둘째아들이 속마음을 내놓기 시작했다. 친구보다 못한 게 속상했던 게다.

"친구들에게 뒤지고 싶지 않은 거구나?"

"네, 친구들은 놀면서도 나보다 잘하니까…"

"저런! 친구들이 너보다 잘한다는 생각에 많이 속상했던 거구나."

"아~ 이건 엄마에게 비밀로 하고 싶었는데요. 오늘 친구가 내 성적표를 우연히 보게 되었는데 피식 웃더라고요. 비웃는 것 같아 기분이 아주 안 좋았어요. 그래서 오후 내내 기분이 안 좋았어요."

"그런 일이 있었구나! 얼마나 기분이 안 좋고 힘들었니?"

나는 그동안 코치력을 통하여 익혔던 공감 대화를 시도했다. 오롯이 아이의 마음에 초점을 맞추고 귀를 기울였더니 마치 마법을 부리는 것 같이 놀라운 경험을 하게 되었다. 말문에 봇물이 터지듯 나는 아이와 새벽 2시가 넘도록 얘기를 나누게 되었다. 아이의 말에 리듬을 맞추어 공감을 해주니 아이의 마음 밑바닥에 있는 감정들이 터져 나오기 시작했다. 공부에 소질이 없다는 말은 마음의 껍질에 불과했다. 친구에게서 느꼈던 불편한 감정이 계속 자신을 괴롭히고 있어서 마음이 많이 힘들었던 것이다. 마음은 양파와 같아서 계속 속껍질을 까고 들어가면 전혀 다른 마음들이 하얗게 속살을 드러낸다.

아이는 이야기를 쏟아내는 동안 자신이 잘못 알고 있는 생각도 몇 가지 바로잡았다. 친구들이 그냥 놀기만 하면서 성적이 잘 나온 것이 아니라는 것과 친구의 피식 웃음이 성적표와 관련되어 있지 않을 수도 있다는 것을 말이다. 나는 그저 아이의 마음에 공감해주고 귀를 기울인 것 외에 특별히 한 것이 없었다. 아이는 자신의 마음에 공감해주는 엄마에게 마음을 빼앗기고 만 것이다. 나는 아이의 속마음과 만나게 되었고, 그 마음을 다독여줄 수 있었다.

마음계좌

누구나 은행계좌 하나쯤은 가지고 있을 것이다. 은행계좌에 잔고가 쌓여 있을수록 우리 마음은 든든하다. 집안의 경조사가 있거나 여행 등으로 목돈을 지출하게 될 때 충분한 저축이 되어 있으면 사용하면서도 마음이 가볍다. 잔고가 부족하다면 시도하고 싶은 것이 있어도 망설이게 될 뿐더러 마음도 불안한 상태가 된다. 그래서 우리는 늘 계좌의 잔고를 적절하게 조절하면서 잔고관리를 한다.

우리 마음에도 계좌가 있다. 마음계좌는 은행계좌와 달리 잔고가 눈에 보이지도 않고, 논리적으로 계산해서 잔고관리를 할 수도 없다. 하지만 지금 이 순간에도 마음계좌에는 쉴 새 없이 정서적인 느낌들이 저축되고, 또 지출되고 있다.

친밀한 느낌, 존중받는 느낌, 인정받는 느낌, 신뢰받는 느낌은 아이 마음계좌에 잔고를 두둑하게 해준다. 나는 기회가 있을 때마다 아이들에게 지지와 격려의 말을 하려고 노력한다. "네가 참 자랑스러워!", "고마워!", "사랑해!", "네가 있어 든든해!", "잘 되지 않을 때도 있어!", "그 모습을 보니 네가 정말 믿음직스러워!", "그런 생각을 하다니 대견하구나"와 같은 지지와 격려의 말은 아이의 마음에 포동포동 살을 찌운다. 아이가 기특할 때뿐만 아니라 실수한 일이 있을 때에도 아낌없이 지지하고 격려해줘야 한다. 잘했든 잘못했든 엄마가 항상 자신을 믿어준다고 생각할 때 아이는 정서적으로 더욱 단단해지고 동기부여를 받게 된다.

마음계좌에 잔고가 쌓여가는 일은 무척 더디다. 반면에 잔고가 빠져나가는 것은 한순간에 일어난다. 아이를 키우다보면 가르치고 야단쳐야 할 일이 어디 한두 가지인가! 심하게 혼내게 된다든가, 한바탕 아이와 말다툼이라도 벌이게 되면 마음계좌에서 목돈이 쑥 빠져나가 버린다. 때론 무심코 던진 말들에서도 마음계좌의 지출이 일어난다. "교복 정리 좀 해라!", "컴퓨터 게임 좀 그만해라!", "너 땜에 속상해 죽겠다!", "누구 닮아서 그 모양이야!", "준비물 미리미리 챙기라고 했잖아!" 잔소리하고 지시하는 엄마의 대화 습관이 아이의 마음계좌 잔고를 바닥나게 하는 주범이다.

살다보면 지출은 어쩔 수 없이 일어나기 마련이다. 돈도 써야 할 때가 있고, 아이도 반드시 훈육해야 할 일이 있기 때문이다. 그렇다면 어떻게 해야 할까? 최선의 방법은 평소에 마음계좌에 꾸준히 저축하여 잔고를 잔뜩 쌓아두는 것이다. 그러면 아이의 사춘기에 뜻하지 않게 큰 지출이 일어나더라도 마음계좌에 두둑한 잔고가 있으니 마음이 휘청거리는 정도가 되진 않을 것이다.

공감으로 쌓이는 마음계좌

"도대체 아이가 왜 그러는 걸까요?"

엄마는 눈물을 글썽이며 말했다. 부족한 형편에 학원을 두 군데

나 보내며 아이 뒷바라지를 하느라 엄마는 저녁에 빵집 아르바이트까지 한다고 했다. 하루는 학원을 안 가겠다고 하는 아이에게 "도대체 학원비가 얼마인 줄이나 아니? 그거 버느라 얼마나 고생하는데…"라고 했단다. 그랬더니 아이가 "누가 보내달라고 했어요?"라고 매섭게 쏘아붙였다고 한다.

엄마는 아이를 위해 넘치게 베풀고 있었지만 정작 아이의 마음은 깊이 살피지 못한 것이다. 공부를 잘하면 좋겠다는 엄마의 마음은 간절했고 열심히 뒷바라지하고 싶었지만, 그런 엄마의 마음을 헤아리기에 아이의 마음이 아직 어리다. 엄마는 엄마 방식대로 달려가고, 아이는 아이대로 마음을 공감 받지 못한 채 감정을 폭발시키고 말았다. 엄마는 아이의 마음계좌에 잔고가 바닥나 있음을 알지 못한다. 엄마가 아이의 마음을 들여다보면서 그 '느낌'을 함께하지 못하기 때문이다.

아이와 느낌을 함께한다는 것은 아이의 마음에 공감하는 것을 말한다. 공감은 마음계좌에 잔고를 두둑하게 쌓이도록 해준다. 공감을 하려면 먼저 아이의 말을 잘 들어야 한다. 말만 듣는 것이 아니라 아이를 이해하려는 의도를 가지고 귀를 기울여야 한다. 두 번째로, 엄마가 듣고 있다는 것을 아이에게 알려주어야 한다. 따뜻한 시선으로 아이의 눈을 바라보는 것은 '네 말을 듣고 있다'고 알려주는 아주 탁월한 방법이다. 눈은 말보다 더 많은 것을 말해주기 때문이다. 마지막으로, 아이에게 들었던 것을 잘 돌려주어야 한다. "많이 힘들었구나!", "그런 일이 있었구나. 많이 속상했겠다!" "그랬어? 와 정말 대단한데!" "그럴 수도 있지. 그래서 어떻게 되었는데?"라고 말하면서 고개도 끄덕여주고 맞장구도 치면서 온몸으로 반응해주는 것이다.

공감은 귀 기울여 듣고, 듣고 있음을 알려주고, 들었던 것을 잘 돌려주는 것이다. 간단한 것 같지만 온전히 아이의 입장이 되어 공감해준다는 것이 그렇게 만만치는 않다. 하지만 엄마의 공감어린 자세가 진정한 변화를 이끌어낸다는 사실에는 변함이 없다. 엄마의 경험과 생각, 판단은 잠시 접어두고 온전히 아이 마음에 집중할 때 아이의 마음계좌 잔고는 차곡차곡 쌓여갈 것이다.

코치력은 공감하는 힘이다. 엄마의 따뜻한 공감 능력은 아이의 마음계좌에 막대한 잔고를 저축해줄 것이다. 공감의 힘을 믿고, 아이를 깊이 사랑하고 있는 자신의 마음을 믿어라. 공감으로 쌓여진 심리적 안정감은 사춘기 폭풍우에도 끄떡없이 자존감 높은 아이로 성장시켜줄 것이다.

4. 귀 기울이는 엄마_아름다운 마법을 부리다

아름다운 마법

아이의 말에 귀를 기울이면 마법이 일어난다. 귀 기울여 들어줄 때 아이는 자신의 생각과 감정을 여지없이 쏟아내게 되는데 나는 이 것을 '마법이 일어난다'고 표현하곤 한다. 엄마가 귀를 기울이고 온몸으로 아이의 말을 경청하면 아이는 엄마에게 더 많은 말을 하게 된다. 아이는 자기의 말에 리듬을 맞춰주는 엄마에게 자신의 속마음을 털어놓게 되는 것이다. 그러다가 자신도 몰랐던 전혀 새로운 생각과 아이디어를 인식하게 되기도 한다. 이것이 바로 마법이다.

아이는 말을 하는 동안 스스로도 자신의 말을 듣게 된다. 이를 두고 '오토크린을 일으킨다'라고 말한다. 엄마에게 말하면서 자기 자신과도 대화를 나누게 되는 것이다. 우리가 생활하는 중에도 늘 오토크린은 일어난다. 가끔 성질을 이기지 못하고 화를 내거나 부정적인 말을 내뱉고 나면 분명 상대에게 표현했는데도 계속 기분이 찝찝한 상태로 남아 있는 경우를 경험해 보았을 것이다. 내가 한 말은 나도 들었기에 결국 나에게 한 말이나 다름없기 때문이다.

그러므로 아이의 말에 귀를 기울이는 일은 아이가 자기 마음속의 말을 잘 듣도록 돕는 일과 같다. 자신의 감정과 느낌을 언어화하는 동안 아이는 자신의 생각을 정리하고 통합해나갈 수 있게 된다. 실제로 마음속에만 담겨 있는 생각과 말로 표현된 생각은 엄청난 차이가 있다. '임금님 귀는 당나귀 귀'라는 이야기처럼 마음속에 담아둔 생각을 바깥으로 꺼내면 마법 같은 일이 일어난다. 부정적이던 생각은 훌훌 사라져버리고, 그 자리는 새롭게 통합된 생각으로 채워지는 것이다.

지금 하던 일을 잠시만 멈추면 언제나 마법은 일어난다. 설거지 하던 수도꼭지를 잠시 잠그고, 읽던 책에 책갈피를 끼우고, 보던 신문을 잠시 내려놓고 아이가 말을 시작하면 귀를 기울여 보라. 아이 말에 귀를 기울이는 것은 엄마와 아이를 신뢰라는 튼튼한 다리로 연결해준다. 잠시 하던 일을 멈추면 아이에게 아름다운 마법을 부리고 있는 자신을 만나게 될 것이다.

왕의 귀와 열 개의 눈과 하나된 마음

우연한 기회에 조신영, 박현찬의 《경청》이라는 책을 만나면서부터 나는 경청에 대해 좀 더 깊은 통찰을 가지게 되었다. 책 속에서 구박사라는 사람이 풀어주는 경청傾聽의 '들을 청聽'자에는 아주 독특하고 지혜로운 의미가 담겨 있었다.

들을 청聽의 부수 6개를 각각 떼어놓고 한 글자씩 살펴보자. 귀 이耳 아래에는 임금 왕王이 있고, 열 십十 아래에는 눈 목目이 가로로 누워 있다. 그 아래에 한 일一과 마음 심心이 놓여 있는 것을 볼 수 있다. 귀, 임금, 열, 눈, 하나, 마음의 의미를 가진 6개의 작은 글자가 통합되어 들을 청聽을 이루고 있는 것이다. 6개의 글자는 서로 영향을 주고받으며 '듣는다는 것'의 본질에 깊이를 더해주고 있다.

'들을 청聽'의 의미를 종합해보면 왕이 백성의 소리를 듣는 것처럼 귀를 크게 열어놓고, 열 개의 눈을 가진 것처럼 깊고 넓게 상대를 바라보며, 상대와 마음이 하나된 것과 같이 공감하면서 들으라는

것이다. 왕의 귀로 듣는다는 것은 사소하고 하찮은 소리도 수용하며 들으라는 말이다. 열 개의 눈으로 바라보라는 것은 입으로 하는 말뿐만 아니라 눈빛과 표정은 물론 몸짓이 전해주는 것까지 마음의 눈으로 바라보라는 것이다. 하나된 마음으로 듣는다는 것은 온전히 상대의 입장이 되는 것을 의미한다. 다시 말해 상대가 보는 방식대로 세상을 바라보며 그것을 인정하고 허용하는 상태를 말한다.

많은 엄마들이 아이를 이해하려고 듣는 것이 아니라 아이의 말에 대답하기 위해서, 해결책을 제시해주기 위해서 듣는다. 그러면 하나된 마음은커녕 아이가 하고자 하는 말을 제대로 들을 수 없다. 엄마 자신의 경험에 비추어 듣고 싶은 말만 듣게 되는 것이다. 심지어는 아이의 말을 끝까지 듣지도 못한다. 급한 마음에 아이의 말을 자르고 자신의 생각을 말하게 된다. 엄마는 아이의 첫마디 말만 듣고 이미 말할 준비만 하고 있는 것이다.

왕의 귀와 열 개의 눈과 하나된 마음이 아니라면 결코 듣는다고 할 수 없다. 엄마만 열심히 말하고, 아이는 고개를 숙인 채 대답 한 마디 없이 듣고만 있다면 그것은 아이의 말을 듣지 않는 전형적인 엄마의 모습이다. 고개를 숙인 채 말이 없는 아이 역시 엄마의 말은 하나도 들리지 않는다. 엄마는 귀를 닫고, 눈도 감고 아이와 다른 마음을 가진 채 자신이 아이의 말을 듣고 있다고 착각한다. 아이와 대화할 때 아이가 말을 더 많이 하고 있는가, 엄마가 더 많은 말을 하고 있는가? 엄마가 귀 기울여 들어주고 있다면 아이는 적극적으로 대화에 참여하고, 자연히 엄마보다 더 많이 말하고 있을 것이다. 엄마가 말을 많이 하고 있다면 안타깝게도 그 말은 모두 부질없는 소리가 되어 허공에 떠돌 뿐이다.

아이는 자신이 하는 이야기에 마음을 빼앗기고 있는 엄마에게 마음을 활짝 열어놓는다. 그러면서 스스로 마음 깊은 곳에 있는, 자신도 몰랐던 마음을 발견하곤 한다. 겉으로 드러난 감정에만 치우쳐 있다가 자신의 진짜 감정을 알아차리게 되는 것이다. 이러한 과정을 통해서 아이는 자신의 마음을 조절하는 힘을 키워나가고 성숙해간다. 듣는다는 것은 아이의 마음과 아름다운 공명을 만들어내고, 아이 내면의 성장을 돕는 마법 같은 힘을 발휘한다.

그냥 들어주면 되었는데…

지금도 무척 아쉬운 생각이 드는, 우리 큰아이와의 대화가 생각난다. 어느 토요일 저녁, "엄마, 대학은 꼭 가야 돼요?"라며 큰아이가 심드렁하게 말을 끄집어냈다. 나는 이미 아이의 말투부터가 못마땅했던 것 같다. 아이가 무슨 얼토당토한 말을 할까봐 두려운 마음이 있었던 걸까! 아이의 질문 한마디에 나는 왜 대학을 가야 하는지, 대학에서 어떤 공부를 하게 되는지, 지금부터 무엇을 해야 하는지에 대해 열변을 토했다. 아이는 그저 고개만 끄덕일 뿐 별 말이 없었다. 나는 절호의 기회를 잡은 듯이 내 기대와 소망을 여지없이 말해주었던 것이다. 아이는 분명 엄마에게 하고 싶은 이야기가 있었을 것이다. 진학에 대한 불안함과 힘든 마음을 위로받고 싶었는지도 모르겠다.

하지만 나는 이미 모든 것을 알고 있는 것처럼 판단했고, 아이의 마음에는 아예 귀를 기울이지 않았다. 이렇게 저렇게 해야 한다고 조언하는 엄마의 모습에 짓뭉개졌을 아이의 마음을 떠올리니 미안한 마음 가득하다. 그때 "엄마에게 그렇게 물어보는 어떤 계기가 있었니?"라며 아이의 마음에 귀 기울였다면 어땠을까? 왕의 귀와 열 개의 눈과 하나된 마음으로 경청했다면 나는 그 날 아이의 깊은 마음과 만날 수 있지 않았을까?

깜깜한 동굴에 갇혀버린 것 같은 느낌을 가져본 적이 있는가! 아무것도 보이지 않고, 어디로 가야 할지 몰라 마음이 불안해졌을 때 누군가 곁에 있다면 훨씬 힘이 될 것이다. 사춘기 아이의 마음은 때때로 어두운 동굴을 지나간다. 그 때 그들의 말에 귀 기울여주고 공감해준다면 참으로 든든할 것이다. 아이와 함께 동굴의 출구를 찾아보자. 물론 엄마라고 출구를 알고 있는 것은 아니다. 찾다가 돌부리에 채여 넘어질 수도 있고, 박쥐 떼가 날아들어 놀랄 때도 있을 것이다. 하지만 엄마가 아이를 믿고, 그가 하는 말에 귀를 기울인다면 아이는 조금씩 출구를 향해 전진해나갈 것이다.

5. 질문하는 엄마_ 마음을 두드리다

우리는 어렸을 때부터 질문 대신 "이렇게 해라", "저렇게 해라"와 같은 말을 많이 들으며 자랐다. 질문하지 않는 사회라는 말이 있을 정도로 우리는 대답하는 문화에 익숙하다. 이는 학교의 획일화된 교육환경도 한 몫을 했다. 책에 밑줄을 그으며 오로지 선생님의 설명에만 집중하던 고등학교 국어시간이 생각난다. 궁금한 것이 있어 물어보고 싶어도 혹시나 자신의 부족함이 드러날지 모른다는 두려움에 압도당해 지레 포기하고 만다. 누군가 정해준 답 외에 능동적이고 창의적인 대안은 찾아볼 기회도 없었고, 인정받기는 더욱 어려웠다. 엄마가 된 지금 우리는 뼛속까지 스며들어 있는 그런 주입식 문화를 아이들에게 그대로 대물림하고 있는 것은 아닐까??

2014년 EBS-TV 다큐프레임의 '오바마에게 아무 질문도 못하는 한국 기자들'이란 내용은 질문 없는 우리 문화의 일면을 잘 보여준다. 오바마 대통령은 G20 서울정상회의 폐막식에서 개최국에 대한 감사로 한국 기자들에게 먼저 질문할 기회를 주었다. 오바마가 무려 3번이나 정중하게 질문하기를 요청하지만 끝내 한국 기자들은 침묵했고, 결국 중국 기자가 그 질문 기회를 가져가 버리고 만다.

우리나라 기자들은 왜 질문을 하지 않았을까? 아니면 질문을 하지 못했던 것일까? 기자들만의 문제로 몰아가기에는 아쉬움이 남는다. 기자들 역시 '질문하는 문화' 속에서 자라지 못했기 때문에 궁금한 것을 자유롭게 물어본다는 것 자체가 어렵지 않았을까. "뭐 저따위 질문을 하는 거야?"와 같은 비난이 만연한 사회 분위기 속에서 우리는 질문을 받으면 오히려 위축되고, 질문을 하고 싶어도 하지 못하는 것이다.

반면에 반가운 소식도 있다. 2017년 4월 2일 〈동아 사이언스〉지에 게재된 '4차 산업혁명시대, 내 아이는 질문하는 능력이 있나?'라는 기사에 중학생의 나이로 국제청소년학술대회에서 수학 논문을 발표한 이성계 군의 이야기가 소개되었다.

그가 수학 논문을 쓰게 된 배경에는 바로 질문하는 습관이 있었다. 그는 평소 생활 속에서 일어나는 일들에 대해 호기심을 가지고 스스로에게 질문했고, 혼자서 해결할 수 없는 것은 부모님이나 선생님, 도서관 등의 도움을 받아 그 해답을 찾아갔다. 그가 발표한 논문도 학교에서 배식을 받기 위해 길게 줄을 늘어선 학생들의 행렬을 보고 만들어낸 질문에서 비롯되었다. '배식대를 몇 군데 만들고, 학생들을 어떻게 줄을 세우면 짧은 시간에 모두가 불만 없이 점심을 먹을까'라는 질문을 수학적으로 연구해서 탄생한 논문이 바로 '시뮬레이션에 의한 학교 급식 배식대의 대기 행렬에 관한 연구'였다. 새로운 결과를 이끌어내기 위한 방법을 찾고 탐구하게 하는 원동력은 이러한 질문하는 습관에 있음을 알게 해준다.

"올바른 질문을 찾고 나면 정답을 찾는 데는 5분도 걸리지 않는다"는 아인슈타인의 말에서도 알 수 있듯이, 삶의 매순간마다 어떤 질문을 던지며 살아갈 것인가는 매우 중요하다. 특히 인공지능과 공존하며 살아갈 4차 산업혁명시대에 우리의 질문하는 능력은 인간만이 가진 강력한 경쟁력이 되어줄 것이라고 나는 확신한다.

마음을 두드리는 질문

요즘 유행하는 말로 '답정녀'라는 말이 있다. '답은 정해져 있고, 너는 대답만 하면 돼'라는 뜻의 신조어다. 아이에게 늘 "예" 또는 "아니오"와 같은 이미 답이 정해져 있는 질문만 던지고 있지는 않은지 잠시 생각해보게 한다.

질문은 크게 생각을 자극시키는 질문과 깊이 생각하지 않아도 간단히 답할 수 있는 질문으로 나누어볼 수 있다. 엄마들이 흔히 아이들에게 던지는 "학원 잘 다녀왔니?", "시험은 잘 쳤니?", "밥은 먹었니?"와 같은 질문은 사실 질문의 모양새는 갖추었으나 아이들의 생각을 자극시키지는 못한다. 이러한 질문은 엄마의 필요에 따라서 아주 적은 양의 정보만을 얻을 수 있을 뿐이다. 그렇다보니 많은 엄마들이 "아이에게 뭘 물어봐도 건성으로만 대답해요"라며 답답함을 호소하곤 한다. 이것은 엄마가 '답정너'와 같은 단답형의 답이 요구되는 질문만을 던졌기 때문이다.

생각을 자극시키는 질문은 아이의 마음을 두드리고, 마음속에 있는 생각을 관찰할 수 있도록 도와준다. 그리고 자신이 생각하고, 느끼고, 행동한 것들을 개관적으로 바라보는 힘을 키워준다. "오늘 학교에서 어떤 재미있는 일이 있었니?", "요즘 무엇을 할 때 가장 기분이 좋니?", "스무 살이 되면 네가 가장 먼저 하고 싶은 일은 뭘까?"와 같은 질문들이다. 아이는 엄마의 질문을 따라가면서 자신의 마음속으로 여행을 떠난다. 그 속에서 아이는 마음속에 있던 아이디어가 하나씩 새롭게 정리되고, 스스로 해결책을 찾아가게 되는 것이다.

아이의 마음을 두드리는 질문은 엄마의 호기심에서 비롯된다. 호기심이 아닌, 무엇인가를 해결하고 정보를 알기 위한 질문들을 던지기 시작하면 아이는 이미 꽁무니 뺄 생각부터 하게 될 것이다. 또 아이에 대해 다 알고 있다는 착각이 엄마의 질문을 방해하곤 한다.

이미 다 알고 있다는 착각은 어떤 호기심도 불러내지 못한다. 당연히 질문거리는 생길 수가 없다.

어떻게 하면 아이의 마음을 두드리는 질문을 할 수 있을까? 그 첫 단추는 아이의 관심사에 대해 노크하는 것이다. 아이들을 가만히 살펴보면 저마다 좋아하고 관심 있어 하는 것이 있다. 엄마가 보기에는 예사로운 분야라도 아이에게는 자신만의 의미가 있을 수 있다. 그러므로 아이의 관심사에 호기심을 가지고 똑똑 노크를 해보면 뜻밖의 선물을 받을 수 있을 것이다.

우리 작은아이는 영화 〈엑스맨〉 시리즈를 무척 좋아한다. 본 것을 보고 또 보다 보니 명장면의 대사를 거의 외울 정도였다. 나는 아이에게 이렇게 물어보곤 했다.

"엑스맨에서 어떤 장면이 가장 인상 깊었니?"

"찰스가 그 장면에서 왜 그렇게 말했을까?"

다른 질문을 던지면 "몰라요"라고 퉁명스럽게 말해버리다가도, 자신이 관심 있어 하는 '액스맨'에 대해 물어보면 그렇게 신나게 이야기할 수가 없다. 자신이 좋아하는 명대사의 의미를 말해주며 함께 영화를 보자고까지 했다.

질문은 마음속에 흩어져 있던 생각들을 하나씩 연결시키고 통합된 사고를 할 수 있도록 도와준다. "그렇게 생각하게 된 계기가 있었니?", "요즘 좀 더 관심 가는 것은 어떤 거니?", "그것에 대해 좀 더 말해주겠니?", "뭐 할 때 가장 재미있니?", "너는 어떻게 생각하니?"와 같은 질문으로 아이의 생각을 자극시켜라. 이러한 질문은 아이에게 힘을 실어주고, 자연스럽게 대화에 참여하게 한다. 답이 정해져 있지 않기에 아이는 자신의 생각을 마음껏 풀어놓는다. 아이가 말하기 시작했을 때 엄마가 귀 기울여 경청하는 태도를 가진다면 아이는 더 신나게 마음속의 이야기보따리를 술술 풀어낼 것이다.

한번 만에 벽을 허물 수는 없다

아이의 마음을 두드리는 질문의 두 번째 단추는 적절한 타이밍을 만나는 것이다. 무턱대고 질문만 한다고 해서 아이 마음을 두드리기는 어렵다. 특히 사춘기 아이와 대화를 하다보면 소위 뚜껑이 열린다고 할 정도로 화가 치솟아 오를 때가 많다. 엄마는 자신의 마음대로 되지 않는 아이가 답답하고, 불손한 행동을 하는 아이가 괘씸하기까지 하다.

큰 맘 먹고 "학교에서 재밌는 일은 뭐가 있었니?", "요즘 고민은 뭐니?"라고 질문하면 "아, 그런 것 없어요.", "왜 갑자기 그런 걸 물어보고 그래요?"라며 자리를 피해버리기 일쑤다. 아이로부터 이런 일을 몇 번 겪고 나면 정말 힘이 빠진다. 아이하고 대화가 되지 않는다고 푸념하거나 포기해버리고 마는 것이다.

이런 경우는 대부분 아이가 아직 질문을 받아들일 준비가 되어 있지 않은 것이다. 아이가 대답을 회피하고 자리를 떠나버리는 것은 서로의 마음 사이에 알게 모르게 쌓여진 보이지 않는 벽이 있어서다. 비록 벽이 쌓여 있지 않다 하더라도 사춘기가 되면 정체를 알 수 없는 자신과 싸우느라 마음의 여유가 없다.

엄마는 아이의 감정이 하루에도 몇 번씩이나 오르락내리락할 수 있다는 것을 이해해야 한다. 어떤 경우든 타이밍이 적절하지 않으면 아무리 좋은 질문이라 하더라도 힘이 제대로 발휘되기 어려운 것이다. 다만 아이가 좋은 반응을 보이지 않더라도 포기하지 않고 질문하기를 시도하다 보면 아이가 뜻밖의 찬스를 줄 때가 있다. 우연인 것 같지만 결코 우연이 아니다. 수없이 스쳐갔던 엄마의 질문이 아이의 생각을 조금씩 자극해왔기 때문이다.

이때 우리가 꼭 기억해야 할 것이 있다. 아이가 별다른 반응을 보이지 않았다 하더라도 엄마가 한 질문이 아이의 내면에 작은 파문을 일으켜 놓을 수 있다는 점이다. 만약 아이와의 사이에 작은 벽이 쌓여진 것 같다고 느껴진다면 더 노력하라. 한 번의 시도로 오랜 시간 동안 다져졌던 벽을 허물 수는 없다. 아이의 말에 귀를 기울이고 공감하며 질문의 역량을 키워라. 조금씩 아이의 마음계좌에 잔고가 쌓여가는 것을 느껴보라. 어느새 높았던 벽도 점점 낮아지고, 벽 넘어 아이 마음이 보이게 될 것이다.

6. 피드백하는 엄마_ 마음의 연금술사

상대방에게 보내는 눈웃음 하나도 피드백이라고 한다면 어떤 생각이 드는가? 리처드 윌리엄스Richard Williams의 《피드백 이야기》에는 어떻게 하면 피드백을 효과적으로 전할 수 있는지에 대한 매력적인 교훈들이 담겨 있다. 전형적인 문제 상사, 문제 남편, 문제 아빠였던 주인공 스콧이 진심어린 피드백의 기술을 익히면서 신뢰와 행복을 찾아가는 여정을 그린 내용이다.

스콧은 평소에는 별 관심을 보이지 않다가도 상대의 허점을 보면 콕 찍어서 맹렬하게 공격하기를 잘한다. 그러던 어느 날 그는 회사 교육시간에 혼란스러운 경험을 하게 된다. 이사의 심부름을 수행하느라 교육시간에 1분 정도 늦게 들어오게 된 스콧은 자기 자리에는 앉았지만 뭔가 심상치 않은 분위기를 느끼게 된다. 서류봉투를 건네는 그에게 이사는 아예 쳐다보지도 않았고, 질문하려고 손을 든 그에게 강사는 눈길조차 주지 않았다. 쉬는 시간에 친한 동료에게 말을 걸었는데 동료마저도 대꾸 없이 나가버렸다. 어느 누구도 그의 존재를 알아채지 못하고 있는 것 같았다.

그는 이 기분 나쁜 상황을 이해해보려 했으나 거부당한 기분에 말할 수 없는 좌절감만 느끼게 된다. 드디어 강사가 표정이 딱딱하게 굳어 있는 스콧에게 "어떤 기분이 들었나요?"라며 한 시간 가량의 상황에 대해 설명해주었다. 한 시간 동안 그는 주변 사람들로부터 어떤 피드백도 받지 못하고 투명인간처럼 완전히 무시당한 상태였다.

스콧은 말한다. "한 시간 동안 사라졌던 게 바로 피드백이라면 이건 삶에서 아주 중요합니다." 이를 계기로 스콧은 자신의 피드백 스타일이 회사 직원이나 가족에게 얼마나 큰 영향력을 미치고 있는가에 대해 생각하게 되었고, 자기 삶의 여러 가지 불화 중의 일부는 자신이 '좋은 피드백'을 주지 않아서 생기는 것이라는 것을 인정하게 된다.

피드백은 마음의 물관과 체관

남편과 아이가 자신을 쳐다보지도 않고 마치 투명인간처럼 대한다면 어떤 마음이 들까? 한마디로 기분이 안 좋을 것이다. 또 내가 만든 음식이 맛있는지, 내가 잘하고 있는지, 아이는 무슨 생각을 하고 있는지 알지 못해 무척 답답할 것이다.

우리는 서로 알게 모르게 수많은 피드백을 주고받으며 살아가고 있다. 눈을 마주치는 일, 미소 짓는 일, 손을 흔들어주는 일, 안아주는 일, 고개를 끄덕여주는 일… 이 모든 것이 피드백에 속한다. 공감하고, 칭찬하고, 경청하고, 질문하는 것, 격려하는 것은 좀 더 높은 수준의 피드백이라고 할 수 있다. 심지어 충고, 조언, 수다를 떠는 일도 관계 속에서 일어나는 피드백의 한 종류다.

리처드 윌리엄스는 "물과 공기가 없으면 인간이 살아갈 수 없듯이 피드백이 없으면 사람과 사람 사이에 어떤 유의미한 관계도 형성되지 않는다. 물과 공기가 인생의 밑바탕을 이루는 뿌리 역할을 한다면 피드백은 인생을 풍요롭고 매력적으로 만드는 물관과 체관의 역할을 한다"며 피드백은 사람과의 사이에 풍요로운 관계를 창출하는 에너지라고 말한다.

우리는 가장 소중한 관계인 아이와 어떤 피드백을 주고받고 있는지 생각해보자. 아이에게 지지와 격려의 피드백을 얼마나 보내고 있는가? 아이에게 잔소리하고 있다면 아이가 잘 자라주기를 바라는 바람에서 비롯된 피드백일 것이다. 미움과 원망을 보내고 있다면 그것 역시 관심과 기대를 담은 피드백일 것이다. 어떤 피드백이든지 간에 피드백을 주고받는다는 것은 사랑과 관심, 애정이 있기 때문이다. 그렇다면 어떤 피드백을 주고받을 것인가는 더욱 중요해진다. 피드백 기술에 따라 서로 풍요한 관계를 만들 수도 있고, 절망과 상처를 안겨줄 수도 있다.

아이든 어른이든 우리는 늘 격려와 지지를 받고 싶어 한다. 누군가 우리에게 잘하는 것을 잘한다고 할 때 우리는 더 잘하려고 노력하게 된다. 마음에 힘을 실어주는 이러한 피드백이 지지적인 피드백이다. 아이에게 잔소리하지 않고 지지함으로써 긍정적인 에너지를 올려주는 것이다. 물론 지지적인 피드백만으로 모든 관계를 이어나갈 수는 없다. 지지적인 피드백이 다루지 못하는 부분은 교정적인 피드백이 보완해나갈 수 있다. 교정적인 피드백은 행동을 변화시키도록 하는데 탁월한 피드백이다. 아이의 반복되는 실수나 개선했으면 하는 부분은 교정적인 피드백을 활용하여 고쳐나갈 수 있다. 이들 두 가지의 피드백이 서로 조화를 이루는 지점이 바로 아이와 풍요한 관계를 이루고, 건강한 성장을 이루게 하는 구심점이 되어줄 것이다.

보려고 하면 잘하는 것이 보인다

아이들이 어렸을 때는 '초등학교에 입학만 하면 좀 낫겠지' 하는 마음을 가졌다. 그러던 마음이 '사춘기만 좀 지나가면 좋겠다'는 간절함으로 바뀌었다. 지금 생각해보니 순간순간 아이의 기특하고 사랑스러운 모습이 많았음에도 힘든 순간에만 마음을 더 집중하며 살았다는 생각이 든다. 그렇게 바랐던 사춘기가 지나갔건만, 엄마인 탓에 지속적으로 생겨나는 아이에 대한 새로운 기대를 제로로 만들기란 여간 어렵지가 않다. 아이에 대한 기대감에 몰입되기보다 아이라는 존재 그 자체로 함께한다면 서로 양질의 피드백을 주고받을 수 있을 텐데 말이다.

기대는 늘 현재 상태와 차이를 만들어낸다. 엄마는 아이가 그 차이를 줄여가기를 간절히 바란다. 그래서 늘 잔소리가 목구멍까지 차오르는 것이다. 기대치가 높을수록 아이에게 잔소리할 것이 많아진다. 아이가 잘 해내고 있는 것은 당연한 것으로 여겨지다 보니 못마땅한 모습들만 눈에 잘 들어온다. 아이의 작지만 사랑스러운 행동과 모습은 놓쳐버리기 쉽다.

그런데 신기하게도 아이의 잘하는 면을 보려고 하면 그렇게 잘 보일 수가 없다. 아이의 작은 행동에도 관심을 가지고 살펴보면 아이의 사랑스러운 모습이 보석처럼 반짝거린다. 기대를 조금만 낮추고 아이의 기특한 모습에 온전히 집중해보라. 밥 먹은 그릇을 싱크대에 갖다 놓는 모습이 참 기특하다. 활짝 웃어줄 때 밝은 모습이 참 예쁘다. 아침에 잠을 이기고 학교에 가는 모습이 너무나 대견하다. 교복을 옷걸이에 잘 걸어놓았을 때 참 사랑스럽다. 차려준 밥을 맛있게 먹을 때 참으로 고맙다. 얼마나 기특한 행동들이 많이 보이는가!

그 때 어떤 피드백을 해주고 싶은가? 너무나 당연한 행동이라서 느끼지 못했을 수도 있다. 사춘기라 온통 힘들게 하는 모습만 보였을 수도 있다. 실제로 아이들은 엄마가 생각하는 것보다 기특한 모습을 많이 가지고 있음에도 엄마가 그것을 보지 못하고 있음을 알아차려야 한다.

어느 토요일 아침, 나는 작은아이에게 재활용 분리수거를 도와달라고 했다. 아이는 분리수거함을 들고 가면서 계속 투덜거렸지만 나는 별 반응을 보이지 않았고, 마침내 나를 도와 분리수거를 모두 끝냈다. 그 날 오후, 나는 아이에게 "애야! 오늘 네가 엄마를 도와 분리수거를 해주었잖아! 분리수거를 하고 나니 집이 한결 깨끗해졌어. 네가 도와줘서 더 빨리 할 수 있었단다. 엄마를 도와준 네가 무척 대견하구나" 하고 피드백 해주었다. 그 날 이후 우리집 분리수거는 작은아이 담당이 되었다. 내가 아이의 투덜거림에 집중했다면 틀림없이 잔소리가 올라왔을 것이다. 그러나 나는 아이의 도와주는 행동에만 집중했다. 아이가 대견하다는 마음이 생겨나고, 그 행동에 지지적인 피드백을 할 수 있었다. 엄마가 보내는 지지적인 피드백은 아이 마음의 비타민이 된다. 그 비타민을 먹은 아이의 마음속에는 더 잘하려고 하는 욕구가 꿈틀거리게 되는 것이다.

아이를 기르는 일은 길고 긴 여정이다. 아이는 10년, 20년 지속적으로 자신의 삶을 펼쳐갈 것이다. 엄마된 마음 역시 평생토록 지속될 것이며 완료란 없다. 그렇다면 늘상 아이에 대한 기대와 걱정으로 잔소리를 늘어놓으며 시간을 보내고 있을 수는 없지 않은가! 지금 이 순간이 어쩌면 삶의 전부일지도 모른다. 지금 이 순간 내 아이를 한 번 바라보자. 어떤 기특한 행동을 하고 있는가? 그리고 어떤 피드백을 해줄 것인가?

피드백 통 채우기

피드백 이야기에 의하면 우리 마음속에는 피드백이 담기는 통이 있다고 한다. 우리는 주변 사람들로부터 받은 피드백을 이 통에 차곡차곡 채워나간다. 하나씩 채워진 피드백이 통에 그대로 쌓여 있으면 좋겠지만, 바닥에 뚫려 있는 크고 작은 구멍을 통해서 피드백은 조금씩 빠져나가버린다고 한다. 만약 아이에게 지속적인 피드백이 주어지지 않는다면 시간이 지남에 따라 아이의 피드백 통은 점점 말라가게 될 것이다.

피드백 통의 구멍은 아이가 스스로 내기도 한다. 아이는 스스로 "나는 잘 못해!", "나는 왜 이렇게 키가 작은 거야!", "나는 공부를 해도 성적이 안 올라"라는 부정적인 피드백을 던지며 자신의 피드백 통에 구멍을 내곤 한다. 한창 자존감을 갖추어나가는 사춘기 시기에는 작은 일에도 자신에 대한 믿음이 심하게 흔들리기 때문이다.

아이의 피드백 통은 부모나 친구, 주변 사람들로 인해서 구멍이 나기도 한다. 친구들의 놀림, 엄마의 잔소리, 주변 사람들의 비판적인 태도 등은 드릴로 뚫은 것처럼 커다란 구멍을 만들기도 한다. 혹시 당신은 지금 아이의 피드백 통에 구멍을 뚫느라 온갖 시간과 에너지를 쏟아 붓고 있지는 않은가!

피드백 통이 마르기 시작하면 아이는 눈빛과 말투부터 달라진다. 아이는 속마음을 보이기를 꺼려하고 불손한 태도를 보이기 시작한다. 아이가 언성 높여 말대꾸를 하거나 집을 나가는 극단적인 행동을 하는 것은 어쩌면 엄마의 관심어린 피드백을 받고 싶은 절박한 마음이 깔려 있는 것인지도 모른다.

그렇다면 아이의 피드백 통에 난 구멍은 무엇으로 메울 수 있을까? 우선 어떤 상황에서도 내 아이의 기특한 면을 포착해낼 수 있어야 한다. 엄마가 보려고만 하면 아이의 기특한 모습이 보인다. 부족한 점을 찾느라 시간과 에너지를 허비하지 마라. 오히려 아이의 피드백 통에 구멍만 하나씩 더 뚫어놓게 될 것이다. 아이가 하는 작은 행동에 아낌없는 지지와 격려를 보내라. 이를 지속한다면 아이의 피드백 통에 난 구멍들은 하나씩 메워질 것이다. 사소하고 작은 것부터 시작하면 된다. 아이가 잠들기 전이나 자고 일어날 때 엄마가 해주는 가벼운 스킨십은 아이의 피드백 통에 깊은 안정감을 채워줄 것이다. 아이의 어깨를 툭하고 두드려 주는 것에도, 따뜻한 미소 한 번 보내 주는 것에도 피드백 통의 구멍은 흔적 없이 사라질 것이다. 엄마가 평소 가슴에 담아 놓은 마음을 표현하라. 아이에게 전하는 사랑한다는 말 한마디, 고맙다는 말 한마디는 아이의 피드백 통을 차고 넘치게 해줄 것이다.

매일 아침 나는 곤히 잠든 아이의 베개에 손을 넣어 아이를 꼭 끌어안는다. 고등학교 2학년이 된 지금도 여전히 그렇게 한다. "애야 사랑해, 이제 일어날 시간이야. 일어나서 밥 먹자"라며 귓속말을 해주면 아이는 잠결임에도 고개를 끄덕이곤 한다. 식탁에 밥을 차리면 어느새 식탁에 와 앉아 있다. 몇 년 전만 해도 우리집 아침풍경은 빨리 일어나라고 재촉하는 나의 애타는 목소리가 울려 퍼지곤 했다. 이제는 큰소리를 내지 않아도, 얼굴을 찌푸리지 않고서도 아침을 시작한다. 분명 내 말과 행동이 아이의 피드백 통에 난 구멍을 메워나가고, 피드백 통의 한 부분을 빼곡히 채웠으리라 믿는다.

의식하든 의식하지 않든 우리는 늘 피드백을 나누고 산다. 진심 어린 피드백은 아이의 마음을 움직이게 하고, 성장과 행복을 가져 다준다. 반면에 잘못된 피드백은 아이와의 관계를 멀어지게 하고, 갈등을 만들어낸다. 자신이 어떤 피드백에 길들여져 있는지 한 번 돌아보자. 하루하루 발전시켜야 할 것과 개선해야 할 것을 정리해 보라. 지혜롭게 피드백을 하기 위해 훈련하라. 지혜로운 피드백의 기술을 익히고 삶에 적용하는 일은 소중한 관계를 돈독하게 지켜 나가는 연금술을 연마하는 것과 같은 것이다.

7. 책 읽는 엄마_ 끊임없이 성장하다

나의 책읽기는 늘 새로운 다짐과 임박한 포기로 이어져왔다. 책을 읽는 일은 내가 참 좋아하는 일 중의 하나였음에도 불구하고 꾸준히 책을 읽어오지 못했던 것이다. 핑계를 대자면 나름대로 이유는 충분했다. 새벽에 일어나 아이들 아침시간을 챙겨야 했고, 낮에는 직장 업무를 해야 했다. 바쁜 하루를 마치고 퇴근하면 집안일들이 줄지어 나를 기다리고 있었다. 그나마 정말 읽고 싶은 책을 만나거나 책을 읽겠다고 새로운 다짐을 한 날에는 밤늦은 시간에라도 책을 펼치곤 했다. 그러나 다음 날 아침이면 어김없이 간밤에 책이 들려주는 소리 없는 자장가에 빠져든 흔적들을 발견하고 절망하곤 했다.

　나는 그렇게 일상의 바쁨을 이유로 마음으로만 책을 읽어오고 있었다. 그런 나에게 이유 불문하고 치열하게 책을 읽을 수밖에 없는 절박한 계기가 찾아왔으니, 이미 눈치 챘겠지만 큰아이의 사춘기는 책 읽을 시간이 없다던 나의 수많은 변명을 말끔하게 치워주었다. 그리고 상황이 상황이었던지라 책은 더 이상 나에게 평온한 자장가를 불러주지 않았다.

책이 이끌어준 새로운 차원의 공간

　신록이 눈부신 그 해 초여름, 세상의 모든 것은 그대로였지만 내 삶은 큰아이의 사춘기가 몰고 온 상황들로 엉망이 되어버린 것 같았다. 내 아이에게는 사춘기가 오지 않을 것이라는 오만으로 가득 차 있었던 나는 모든 상황을 오롯이 아이 탓으로만 돌리고 있었다.

　지금 생각하면 참으로 낯이 뜨거워진다. 나는 한 치의 의심도 없이 스스로를 '참 좋은 엄마'라고 생각했다. 누구보다도 아이를 잘 키우고, 아이도 나를 잘 따른다고 자부했다. 내 생각과 기준으로 아이의 모든 것을 이끌어나가면서도 그것이 아이도 원하는 것이라고 여겼다. 결국 나는 아이가 벼랑 끝에 위태로이 서 있다는 것을 알았을 때 비로소 아이 탓을 멈추고 내 안으로 시선을 돌릴 수 있었다. 그리고 내 안에 오만과 똑같은 크기의 나약함이 있었음을 알게 되었다. 그 나약함은 오만으로 포장된 채 아무런 힘도 없이 휘청거리고 있었다.

　그렇게 몸부림치며 버티던 나는 결국 입원치료를 받게 되었다. 꼼짝없이 병원에서 보낸 며칠의 시간은 날카롭게 날이 서 있던 내 마음을 가라앉힐 수 있도록 도와주었다. 모처럼 느껴보는 고요함 속에서 나는 하나씩 찾아오는 물음들을 맞이하기 시작했다.

　'지금 나는 엄마로서 어디쯤에 서 있는 걸까?'

　'나는 무엇을 잘 알지 못했을까?'

　'내가 가장 잘 해낼 수 있는 일은 무엇일까?'

　'이제부터 내가 해야 할 일은 무엇일까?'

　나는 그 때 이러한 물음에 대한 답을 구하는 가장 빠르고 쉬운 방법은 책을 읽는 일이라고 생각했다. 병원에서 퇴원한 후 정신없이 책을 찾아 읽기 시작했다. 청소년 관련 논문과 청소년 심리, 일반심리학, 리더십, 자기계발, 인문학, 뇌 과학 분야 등 닥치는 대로 읽었다. 책은 또 다른 책과 연결되어 있어서 읽었던 책이 또 다른 책을 안내해주었다. 같은 저자의 책을 검색하거나, 같은 주제를 찾아가는 동안 수많은 책을 접할 수 있었다.

　책은 수세기를 지나온 역사 속에서 천재라 불렸던 많은 사람들의 삶과 지혜를 만나게 해주었다. 내가 아무리 발버둥 치더라도 천재들의 마음과 지혜에 닿을 수는 없겠지만, 적어도 새로운 관점 가까이에 다가갈 수는 있었다. 간절한 마음으로 그 지혜에 다가간다면 직면한 문제들을 뛰어넘는 돌파구를 찾을 수 있을 거라고 나는 굳게 믿었다.

　스티븐 코비Stephen Covey는 《성공하는 사람들의 7가지 습관》에서 개인이 처한 문제의 개선은 내면에서의 변화로부터 이루어진다는 메시지와 함께 아인슈타인의 다음 말을 전해주었다. "우리가 직면한 중대한 문제들은 그 문제들이 발생한 때 갖고 있던 사고방식으로는 해결할 수 없다." 그동안 내가 옳다고 생각하고 있는 관점으로는 지금 내가 처한 상황을 개선하기 어려울 수 있다는 것을 깨닫게 되는 순간이었다. 그렇게 한 권씩 읽어가는 책을 통해서 그동안 내가 몰랐던 새로운 차원의 공간들이 눈앞에 펼쳐지기 시작했다.

　"좋은 책을 읽는다는 것은 과거의 가장 뛰어난 사람과 대화를 나누는 것이다"라는 데카르트의 말처럼, 좋은 책을 읽는 일은 언제 어디서나 과거의 뛰어난 사람과 대화를 나누고, 그러는 동안 자신을 돌아보고 성찰하는 시간을 갖게 해준다. 책을 읽는 일은 먼저 자신을 이해하고, 타인을 이해하고, 타인과 나와의 관계를 이해하고, 그리고 이를 포함한 주변의 환경을 이해하는 과정이다. 책을 읽으면서 우리는 '이해'의 범위를 지속적으로 넓혀가게 되는 것이다.

　책은 그동안 내가 경험하지 못한 세상의 많은 장면을 만날 수 있게 해주었다. 그리고 나의 부족함과 가능성을 동시에 바라볼 수 있게 해주었다. 더 나아가 상처받은 내 마음을 위로받게 하고, 나를 용서하게 하고, 희망과 용기를 가질 수 있게 해주었다. 내 사고방식은 책이 이동시켜준 새로운 차원의 공간에서 낡은 옷을 벗고 세련

된 새 옷으로 갈아입기 시작했다.

책 든 손이 사랑이다

세종대왕은 왕자 시절에 백독백습百讀百習(100번 읽고 100번 필사하는 것)을 했으며, 왕위에 오르고서도 치열한 독서는 그칠 줄 몰랐다고 한다. 세종대왕은 왜 그토록 치열하게 독서를 했을까? 이 궁금증은 이지성의 《리딩으로 리드하라》에서 시원하게 해결해준다.

"나는 그가 백성을 애타게 사랑했기 때문이라고 확신한다. 세종이 집현전 학사들을 모아놓고 했던 다음 말에서 확신을 얻었다. '내 유일한 소망은 백성들이 원망하는 일과 억울한 일에서 벗어나는 것이요, 농사짓는 마을에서 근심하면서 탄식하는 일이 영원히 그치는 것이요, 그로 인해 백성들이 살아가는 기쁨을 누리고자 하는 것이다. 너희들은 내 지극한 마음을 알아주었으면 한다.' '우리 모두 목숨을 버릴 각오로 독서하고 공부하자. 조상을 위해, 부모를 위해, 후손을 위해.' 세종은 먼저 자신을, 다음으로 신하들을 그토록 뜨거운 독서의 장으로 내몰았던 것이다."

세종대왕은 사람을 진실로 사랑하는 마음이 없는 상태에서 하는 독서는 독서로 인정하지 않았던 것이다. 이지성 작가 역시 '나는 왜 인문고전을 읽는가?'라는 질문에 "여기에 유일무이한 답은 '사랑'이어야 한다"라고 말한다. "때로는 결코 이해할 수 없을 것 같은 문장 때문에 숨이 턱까지 차오르고 혈압이 엄청나게 올라가기도 했지만,

내 수준을 높여야 독자들에게 좋은 작품을 선보일 수 있고, 독자들의 힘이 되고, 그 아름다운 힘들이 모여서 세상을 보다 밝게 변화시킬 수 있으리라는 뜨거운 믿음이 있었다"고 고백한다.

세종대왕의 책읽기에는 백성에 대한 사랑이 담겨 있었고, 이지성 작가의 책읽기에는 더 나은 수준의 작품과 함께하겠다는 독자에 대한 사랑이 깔려 있었다. 내 마음에는 아이에 대한 큰 사랑이 깔려 있음을 알고 있다. 온몸으로 사랑하기 위하여 책 읽는 엄마가 돼라. 책을 든 손으로 아이의 아름다운 머리카락을 쓰다듬어라. 책 든 손은 내 마음을 어루만지고, 아이 마음을 어루만진다. 나는 아이를 더 사랑하기 위해서, 더 지혜롭게 돕기 위해서 지금도 미친 듯이 책을 읽는다.

코치엄마는 책을 읽는다. 책은 끊임없이 마음을 성장시킨다. 아이를 바라보는 새로운 시각, 한 차원 높은 이해를 위한 길이 책 속에 있기 때문이다. 아이의 성장에 맞추어 끊임없이 자신을 쇄신하고 성장해나가도록 하자. 아이와 조화로운 관계를 형성하기 위하여 갖추어야 할 삶의 태도에 대해 나는 늘 새로운 도전을 받는다. 책을 읽는다는 것은 내 새로운 도전이 마침내 도착할 그 멋진 곳까지 철도를 놓아가는 여정이다. 나는 언제나 그 여정을 즐기리라 다짐하고 또 다짐해본다.

긍정어와 친구하기

Q. 당신은 평소 가족과 주변 사람에게 어떤 표현습관을 가지고 있나요?

Q. 부정적인 말을 하거나 누군가로부터 부정적인 말을 들었을 때 당신의 기분은 어떤가요?

긍정어와 친구하기

우리의 뇌는 긍정을 좋아하고 그 사실만 처리한다고 한다. 그래서 뇌는 부정어를 처리하지 못한다. 가령 우리가 아이에게 "떠들지 마라"고 했을 때 아이의 뇌에는 '떠든다'라는 단어가 들어가게 되고, 떠든다는 말을 처리한다. '하지 마라'는 말이 뒤따라오지만 크게 영향력을 미치지 못한다. 아이는 떠든다는 사실을 더욱 인식하게 되는 것이다.

그럼 어떻게 말하면 좋을까? "조용히 하자"라고 말하면 된다. "뛰지 마라" 대신에 "걸어 다녀라"라는 표현이 더 효과적이다.

진정 아이의 행동이 변하기를 원한다면 자신의 언어적인 표현습관을 살펴보자. 변화는 나로부터 시작된다. 긍정적이고 중립적인 표현으로 바꾼다면 아이와 감정적인 소모를 하지 않고도 원하는 성과를 이끌어낼 수 있다. 아이도 엄마를 거울삼아 긍정어와 친구가 되고, 긍정적으로 사고할 수 있는 환경 속에서 생활하게 될 것이다.

아래의 연습을 통하여 하나씩 자신의 언어습관을 점검하고 개선해나가자.

Practice 1) 목록작성하기

• 내가 자주 사용하는 긍정단어(명사, 형용사, 동사)를 30개 적어보자.

```


```

* 맨 처음 적은 단어는 긍정어인가?

* 전체 단어 중 긍정어와 부정어의 비율은 어떤가?

Practice 2) 긍정표현으로 바꾸기

● 평소 자주하는 표현들을 긍정표현 또는 긍정명령문으로 바꾸어보자.

* 핸드폰 좀 그만 봐라 ▶ _____

* 게임 좀 하지 마라 ▶ _____

* 싸우지 마라 ▶ _____

* 짜증내지 마라 ▶ _____

아이를 우뚝 서게 한
코치력

1. 결국 혼자서 살아가야 한다 – 안나 요한슨(레나 마리아의 어머니)

아이의 독립을 도와라

어느 여름날 레나의 가족은 이웃집으로부터 저녁식사에 초대를 받았다. 이웃집 어른들과 정원에서 저녁식사를 하며 함께 이야기를 나누는 동안, 레나가 아이들과 놀다가 그만 넘어지고 말았다. 레나는 엄마를 불러 도움을 요청했다. 얼른 뛰어가 레나를 일으켜 세워주고도 남았겠지만, 레나의 엄마는 도와주러 가지 않았다. 그리고 이렇게 말했다.

"레나, 울타리까지 기어가 보렴. 아마 울타리에 기대면 일어날 수 있을 거야."

– 강현식, 박지영의 《그 어머니들의 자녀교육 심리》

레나의 엄마는 레나처럼 몸이 불편한 아이에게 심리적인 독립은 매우 중요하다는 사실을 알고 있었다. 처음부터 레나를 독립된 존재로 키워야겠다는 마음으로 레나가 어떤 실패를 하더라도 쉽게 도와주지 않기로 했다. 끊임없이 넘어지고 다치는 어린 딸을 보는 엄마의 심정이 어떠했을까? 레나는 자주 엄마에게 도움을 요청했지만, 엄마는 금방 달려와서 도와주지 않고 레나가 스스로 문제를 해결할 수 있도록 충분한 시간을 주었다.

레나는 중학교 1학년이 되면서 혼자서 옷도 입고 화장실에서도 일을 처리할 수 있게 되었다. 레나의 엄마는 레나의 학교 여러 선생님들에게도 만날 때마다 이렇게 말해주었다고 한다.

"레나가 자기 일을 스스로 하게 놔두세요. 정말 필요할 때 외에는 도와주지 마세요."

레나에게는 국가에서 지원하는 간호도우미가 있었지만, 레나가 간호도우미에게도 도움을 요청하는 일이 거의 드물었으며, 레나는 스스로 해낸다는 사실을 기쁘고 자랑스럽게 여겼다고 한다. 결국 레나는 힘든 상황을 잘 이겨내고 자신의 힘으로 문제를 해결하려고 노력하는 아이로 성장하게 되었다.

스웨덴이 낳은 세계적인 가스펠 가수 레나 마리아^{Lena Maria}의 어릴 적 이야기다. 레나는 1968년 스웨덴의 한 마을에서 두 팔이 없고 한쪽 다리가 짧은 중증 장애로 태어났지만, 3살 때 수영을 시작해서 스웨덴 대표선수로 세계 장애자선수권대회에서 4개의 금메달을 따기도 했고, 1988년 서울 장애인올림픽에서도 좋은 성적을 거두었다. 스톡홀름 음악대학을 졸업한 후 본격적인 가스펠 싱어로서 세계적인 활동을 펼치며 자신의 삶을 살아가고 있다.

레나는 물리치료사인 어머니 안나 요한슨이 정상아와 똑같이 양육해서 수영과 십자수, 요리와 피아노 연주, 운전과 지휘에 이르기까지 못하는 게 없다. 어머니의 위대한 교육 덕분에 레나는 "단 한 번도 장애를 느껴본 적이 없다"고 당당히 말한다.

레나가 심한 장애인임에도 불구하고 스스로의 삶을 행복하게 살아갈 수 있는 것은 그녀에게 삶의 실패에 두려워하지 않는 용기를 가르쳐 주었던 어머니의 교육에 있었다. 레나의 어머니는 레나가 어떤 역경에서든 스스로 살아갈 수 있도록 가르쳤는데, 가장 큰 핵심은 바로 혼자서 해나갈 수 있다는 심리적 독립이었다.

결국 혼자서 살아가야 한다

심한 장애를 가진 레나가 넘어지고 깨지는 모습을 보며 엄마의 마음은 얼마나 아프고 찢어졌을까? 실패마저 아이의 몫으로 남겨둔 채 꿋꿋이 그것을 지켜보며 레나를 격려했다. 안나 요한슨은 자신이 주는 당장의 도움은 레나에게는 필요한 것일지 모르지만 앞으로 아이가 혼자 살아가야 할 긴 인생에서는 신체적인 장애보다도 더 큰 장애가 될 거라고 여겼다고 한다. 장애를 가졌음에도 불구하고, 레나가 자신의 문제를 스스로 해결할 수 있다는 믿음으로 아이의 자립을 도왔던 안나 요한슨은 이 시대의 진정한 코치엄마라고 할 수 있다.

아이들은 성인이 되면 결국 혼자서 이 험난한 세상을 살아가야 한다. 아이는 부모 품에 있을 때 심리적인 지지를 받으며 성인이 될 준비를 한다. 바로 사춘기라는 시기를 지나며 독립의 작은 싹을 틔우는 것이다. 이 시기가 되었음에도 여전히 엄마가 아이 대신 선택과 결정을 도맡아하고, 실패와 좌절 등의 힘든 상황은 아예 겪지도 않게 하려는 환경 속에서는 아이의 심리적 독립을 결코 기대할 수 없다. 독수리는 새끼독수리가 날기를 배울 때가 되면 새끼독수리를 둥지 밖으로 갑작스레 내밀쳐 날 수밖에 없는 상황을 만든다고 한다. 사춘기 아이도 이제 갓 날개짓을 배우는 어린 새와 같다. 혹여 다칠까봐 아이를 둥지 밖으로 내밀지 못하고 계속 엄마 품이라는 안전한 둥지에 머물러 있게 하고 싶은가? 아이는 보호자를 원하는 것이 아니라 자신의 서툰 몸짓에도 공감해주고 아낌없는 격려를 보내는 지지자를 원하고 있다.

아이의 힘든 일을 대신 해주는 것이 아이를 위한 일이라고 착각하지 않았으면 좋겠다. 아무리 힘들어도 아이는 결국 스스로 해낸다. 레나 마리아가 팔도 없이 한 쪽 다리로 수영을 하고, 요리를 하고, 피아노를 치고, 운전을 하기까지 안나 요한슨은 꿋꿋이 지켜보고 응원과 격려를 보냈다. 우리도 그 모든 것을 해낼 수 있다.

2. 위대한 공감 – 스탠리 앤 던햄(버락 오바마의 어머니)

"네가 저 사람 입장이라면 기분이 어떻겠니?", "다른 사람이 너한테 그렇게 하면 네 기분은 어떨 것 같니?" 어머니 앤은 늘 어린 오바마에게 이렇게 물어보았다. 다른 사람의 입장이 되어 생각해보게 하고, 그 기분을 표현하게 한 것이다.

어릴 때부터 앤은 오바마의 마음을 이해하고 공감해주려는 노력을 게을리 하지 않았다고 한다. 앤의 이러한 노력으로 오바마는 자라면서 아버지의 부재로 인한 외로움과 흑인이라는 차별과 편견에 위축되었던 감정들을 충분히 공감 받을 수 있었다. 오바마 역시 엄마로부터 공감 받은 대로 다른 사람을 이해하고, 사회적으로 소외된 약자들에 대한 진정한 관심과 배려를 보여주는 삶을 살았다.

실제로 최근 세계의 정치지도자들 중 국민과의 '공감력'이 가장 뛰어난 지도자로 오바마^{Barack Obama} 전 미국 대통령을 꼽는다고 한다. 오바마는 자신과 정치적으로 다른 의견을 가진 사람들조차 고개를 끄덕이게 하는 탁월한 힘, 바로 위대한 공감력을 가지고 있었다. 어릴 때부터 오바마는 어머니로부터 그 공감의 가치를 배웠던 것이다. 오바마는 이렇게 말한다.

"지금도 나는 어머니가 내게 강조한 간단한 원칙, '네게 그렇게 하면 기분이 어떨 것 같니?' 라는 말을 정치활동의 지침 중 하나로 삼고 있다. 내가 조지 부시와 아무리 생각이 다르더라도 그의 시각에서 국제 상황을 바라보도록 노력해야 한다. 공감이란 바로 이런 것이다."

오바마는 상대의 관점에서 바라보는 것이야말로 공감을 형성하는 최상의 방법이라고 말한다. 그는 이런 깨달음을 바탕으로 다수의 지지와 공감을 형성해 마침내 대통령이 되었고, 자신의 인생을 성공의 길로 이끌어낼 수 있었다.

스탠리 앤 던햄의 감성능력

아들을 미국 최초의 흑인 대통령으로 키워낸 스탠리 앤 던햄은 미국 캔자스 출신의 백인이었다. 앤은 20대 초반의 나이에 아프리카 케냐 출신인 유부남 유학생과 결혼을 하고 오바마를 낳았다. 이미 케냐에서 결혼해 아내와 자녀가 있었던 오바마의 아버지는 3년 후 자신의 고향인 아프리카로 돌아가게 되었고, 앤은 이혼을 결심한다. 앤은 다시 인도네시아 사람과 두 번째 결혼을 하고 인도네시아로 건너가지만, 이 결혼 또한 실패를 하게 된다.

두 번의 결혼에 모두 실패하고 자포자기할 만도 하지만 앤은 스스로를 끊임없이 동기부여하는 능력을 가지고 있었다. 앤은 인생에 대한 도전을 멈추지 않고 다시 인도네시아로 건너가 인생의 절반 이상을 머무르며, 이루고자 했던 1,000여 페이지에 달하는 인류학 박사논문을 완성한다. 세상에 대한 넓은 이해와 자신의 꿈을 이루려는 용기와 열정, 노력이 인류학자 스탠리 앤 던햄을 완성시키게 했던 것이다.

이렇듯 오바마의 어머니 앤의 삶은 어쩌면 수많은 역경 속에서 이어져 왔다고 해도 과언이 아니다. 당시 시대적으로 백인 여성이 흑인 남성과 결혼을 한다는 것은 생각도 할 수 없는 일이었다. 또 두 번의 이혼과 경제적 어려움에도 불구하고 자신의 꿈을 향해 나아갈 수 있었던 것은 분명 앤만이 가지고 있었던 위대한 힘이었다.

그 힘은 바로 감성능력이다. 앤은 자신의 감정을 명확히 알아차리고 다룰 수 있는 능력이 탁월했으며, 다른 사람의 마음을 알아차리고 공감해줄 수 있었다. 또한 자신이 이루고자 하는 꿈을 명확하게 알고 있었으며, 원하는 것을 이루어나가기 위해 어려운 상황 속에서도 스스로를 동기부여하는 사람이었다. 이런 어머니 앤의 모습은 어린 오바마에게 좋은 롤 모델이 되어주었다. 오바마는 어머니로부터 물려받은 감성능력을 그대로 자신의 삶에 실천했다.

아들의 마음에 공감했던 앤

어린 시절, 오바마는 얼굴도 모르는 아버지에 대한 그리움을 이겨내야만 했다. 어머니 앤은 어린 아들의 상황을 진심으로 마음 아파하면서도 힘과 용기를 주는 것을 잊지 않았다. 두 살 때 떠난 아버지를 궁금해 하는 아들에게 아버지처럼 큰 꿈을 갖고 살기를 바란다고 말하는 것이 과연 쉬운 일인가! 앤은 아들에게 아버지가 자신의 조국을 사랑했으며, 부지런한 사람이었으며, 더 큰 꿈을 위해서 어려운 선택을 한 것이라고 아버지에 대한 이해와 존경심을 키우도록 도왔다. 앤은 자신의 아픔을 넘어 아이 마음속 아버지에 대한 프레임을 긍정적으로 세워주려고 노력했던 것이다. 참으로 깊고 따뜻한 공감력 아닌가!

또 오바마는 자신의 피부 색깔이 엄마와 다른 것을 보며 정체성의 혼란을 겪었다. 당시 미국사회는 유색 인종에 대한 편견과 저항이 적지 않았던 시기였기에 오바마는 자신의 피부색 때문에 더욱 혼란스럽고 힘든 사춘기를 보낼 수밖에 없었다. 이때에도 앤은 아들에게 흑인만이 가지고 있는 장점과 우수성에 대한 이야기를 해주었다. 흑인으로 태어난 것은 강인한 사람에게만 주어지는 특권이자 위대한 유산이라고 가르쳤다. 마틴 루터 킹 목사와 같은 인류의 위대한 흑인 지도자들에게 주목할 수 있도록 도왔고, 이들을 자랑스럽게 여길 수 있도록 도왔다.

– 강현식, 박지영의 《그 어머니들의 자녀교육 심리》

오바마는 사춘기 시기를 인도네시아에서 보냈다. 피부색이 다르고, 문화가 다른 사람들과 생활하는 것이 그에게는 쉽지 않았을 것이다. 그는 유일한 외국인이었고, 가족이 모두 피부색이 달랐던 탓에 친구들의 많은 놀림을 받아야 했다. 그는 사춘기를 겪으면서 술과 담배, 마약에 손을 대기도 하며 심한 방황을 했다. 그러나 앤은 오바마를 다그치지 않았다고 한다. 그렇다고 해서 감싸고돌지도 않았다. 마음은 찢어질 듯 아프지만 앤은 어린 아들이 자신의 힘든 감정을 표현할 수 있도록 돕고 공감해주었던 것이다. 아들과 떨어져 있을 때 앤은 주로 편지로 오바마의 감정을 위로해주었다고 한다. 훗날 오바마는 어머니의 편지가 큰 위로와 힘이 되었다고 회상한다. 오바마의 자서전 《담대한 희망》에는 어머니 스탠리 앤 던햄으로부터 받은 애틋한 마음이 담겨 있다.

"어머니의 이러한 정신은 나에게 깊은 영향을 주었다. 아버지가 없는 가운데서도 나를 지탱해주었고, 순탄치 못했던 내 청년기에 희망을 주었으며, 나를 언제나 옳은 길로 인도해주었다. … 내가 알고 있는 아버지의 성공과 실패, 아버지의 사랑을 얻기 위한 내 무언의 소망, 그리고 아버지를 향한 분노, 슬픔과 한. 하지만 그것들은 모두 어머니를 통해 완화되었다."

우리는 가끔 아이들이 실패를 경험하거나 좌절할 때 오히려 엄마 자신이 스스로의 감정을 이기지 못하고 아이를 몰아세울 때가 있다. 엄마가 자신의 감정과 상황에 휘둘리게 되면 아이의 감정을 무시하게 되고, 서로에게 상처를 남기게 된다. 이때 엄마는 스스로 자신의 감정을 알아차릴 수 있어야 한다. 아이를 위로하기 위한 마음이었는지, 실패에 대한 아쉬움인지를 잘 인식해야만 아이의 실패를 긍정적인 방향으로 이끌어나갈 수 있는 힘을 얻을 수 있다.

지지와 격려 보내기

Q. 당신은 평소 아이에게 어떤 지지와 격려를 해주나요?

Q. 누군가 당신이 하고자 하는 일에 지지와 격려를 해준다면 어떤 마음이 들까요?

지지와 격려

지지하다^{support}라는 말은 '관심사나 하고자 하는 것에 동기를 부여하다'라는 말이다. 아이들뿐 아니라 누구라도 지지와 격려를 받으면 동기부여를 받고 자신감도 올라간다. 특히 사춘기 아이들에게는 관심사와 잠재성에 대한 타인의 지지와 격려가 인생의 어느 시기보다 중요한 때이다. 아이가 가장 가까이에 있는 엄마의 지지와 격려 속에서 자란다면 자신감과 자존감은 더욱 높아질 것이다.

이때 주의할 점은 지지와 격려의 기준과 시기를 고려해야 한다는 것이다. 너무 과도하거나 인색하지 않도록 균형점을 찾아야 한다.

Practice 표현 익히기

- 와! 이 정도 한 것을 보니 다음에는 더 멋지게 할 수 있겠는걸!
- 그런 생각을 하다니 정말 대단하구나! 좀 더 얘기해주겠니?
- 너의 용기 있는 모습에 내가 더 힘이 난다.
- 네가 정말 믿음직스럽구나!
- 네가 많이 대견하구나!
- 역시 ooo야!
- 도와줘서 고마워!
- 어떻게 그런 생각을 다했니?
- 네가 아니면 아마도 못해냈을 거야!
- 엄마는 언제나 네 편이란다.
- 역시 넌 달라!
- 너와 있으면 기분이 좋아져!

지지와 격려	• 괜찮아! 다음에 더 잘하면 되잖아!
	• 바로 그거야! 계속 그렇게 하면 돼!
	• 때론 그럴 때도 있지.
	• 네가 자랑스럽구나!
	• 괜찮아! 잘 될 거야!
	• 넌 잘해낼 수 있어!
	• 그동안 정말 수고했어!
	• 마음만큼 잘 되지 않을 때도 있어!
	• 실수할 수도 있어! 엄마는 너만 할 때 더했는걸!
	• 지금까지 잘해왔으니 앞으로도 잘해나갈 거라고 믿어.
	• 그래서 많이 속상했던 거구나!

CHAPTER 3

코치력은
이렇게 만들어진다

준비된 엄마의 코치력,
그 첫걸음

1. 나를 새롭게 디자인하라

언젠가 법정 스님이 길상사 봄 법회에서 "천지간에 꽃이지만 꽃 구경만 하지 말고 나 자신은 어떤 꽃을 피우고 있는지 스스로 물어보아야 한다"라는 법문을 했다 한다. 이 땅의 많은 엄마들은 아이가 자신의 꽃을 최대한 화려하게 피울 수 있도록 하기 위해 온 열정을 다하고 있다. 그래서 오늘도 뜨거운 교육열로 아이 주변을 맴돌며 고군분투하고 있다. 그러나 법정 스님의 법문처럼 정작 엄마 자신은 무슨 꽃을 피우고 있을까?

가장 사랑하고 돌봐야 할 한 사람

내가 사랑하는 사람 가운데 세 사람의 이름을 적어보자. 그리고 앞으로 살아가면서 내가 돌봐야 할 사람 중 세 사람의 이름을 적어보자.

내가 사랑하는 사람			
내가 돌봐야 할 사람			

　곁에 있는 소중한 사람의 이름이 하나씩 떠오를 것이다. 세 사람만 적어보라고 하니 살짝 고민되기도 한다. 누구의 이름을 적었는가? 사랑하는 사람과 돌봐야 할 사람이 중복되어 적히기도 했을 것이고, 새로운 이름이 적히기도 했을 것이다. 어쨌든 이들은 내가 살아가는 동안 가장 사랑하고 돌봐야 할 사람들임에는 틀림없다.

　한 사람 한 사람의 얼굴을 떠올려보라. 어떤 느낌이 드는가? 마음이 뭉클해지고 입가에 미소가 지어질 것이다. 일부러 의식하지 않아도 매일매일 생각나고, 함께 있으면 늘 편안한 사람들이다. 이들은 내가 더 열심히 살아갈 수 있도록 삶의 의미를 부여해주고, 힘을 실어주는 사람들이며, 그저 곁에 있는 것만으로도 소중하고 감사한 사람들이다.

　이제 가장 가까이에 있는 소중한 이들을 생각하며 다음 질문에 대답해보기 바란다.

- 당신은 평소 이들에게 어떤 언어를 사용하고 있는가?
- 당신은 이들에게 어느 정도의 시간을 할애하고 있는가?

- 당신은 매일 어떤 마음으로 이들을 대하고 있는가?
- 당신은 이들에 대해 충분히 감사하고 아낌없는 정성을 다하고 있는가?

이제 적어놓은 이름들을 가만히 살펴보라.
- 적어놓은 이름 중에 당신의 이름이 있는가?
- 내가 사랑하는 사람 자리에, 그리고 돌봐야 할 사람 자리에 당신의 이름이 있는가?
- 자신의 이름이 적혀 있다면 몇 번째에 있는가?
- 자신의 이름이 적혀 있지 않다면 그 이유는 무엇인가?

곁에 있는 사람 중에서 가장 가까운 사람은 바로 나 자신이다. 자신을 사랑하고 돌보는 일을 잘하게 되면 자연히 다른 사람을 사랑하고 돌보는 일을 더 잘하게 된다. 스스로를 돌보지 않고 사랑받지 못하는 사람으로 여기고 있다면 다른 사람들에게 진심어린 사랑을 전하기란 어려울 것이다. 자신의 존재를 소중하게 여기지 않는데 어떻게 다른 사람에게 사랑을 베풀 수 있을까. 스스로를 소중하게 여기는 사람이 아니라면 그 사람이 주는 사랑도 다시 생각해봐야 할 것이다.

웨인 다이어^{Wayne Dyer}는 《행복한 이기주의자》에서 "사랑하는 일, 그리고 사랑을 주고받는 모든 일은 사랑을 듬뿍 받은 자아에서부터 출발한다"라고 말했다. 물론 사랑을 듬뿍 주는 그 주체는 다름 아닌 바로 자기 자신이다.

자신을 돌보는 일은, 가령 비행기를 타고 가다가 비상상황이 발생했을 때 대처하는 장면을 살펴봐도 알 수 있다. 엄마와 아기 중에서 누구에게 먼저 산소 마스크를 사용하도록 해야 할까? 아기를 구해야겠다는 급한 마음에 아기에게 먼저 마스크를 씌우고 엄마가 미처 마스크를 쓰지 못하게 되면 어떤 일이 일어나겠는가. 엄마가 쓰러지면 아기도 살아남기 어렵다.

우리도 자신을 돌보지 않고 아이를 향해 정신적, 물질적으로 과다하게 지원하고 있지는 않은지 스스로를 돌아봐야 한다. 아이의 명문대 진학이 엄마의 최대의 꿈은 아닌지, 아이만 잘 된다면 다 괜찮다고 생각하고 있는 것은 아닌지 엄마 자신의 내면과 과감하게 마주해보라. 가장 사랑하고 돌봐야 할 사람은 바로 엄마 자신임을 결코 잊어서는 안 된다.

엄마가 스스로 자신의 탁월함과 가치를 사랑하고 가꾸어나갈 때 그 에너지는 저절로 곁에 있는 사람들에게 전해지게 된다. 그 에너지는 주변을 건강하고 행복한 환경으로 만들어줄 것이다. 매일매일 스스로에게 기분 좋은 응원과 격려를 선사하라. 그리고 자신을 더 많이, 더 자주 돌보라. 점점 더 자신을 사랑하는 놀라운 선택을 하게 될 것이다.

나를 새롭게 디자인하라

막내아들을 대학에 보낸 이후로 우울감에 시달리는 한 친구가 있다. 그는 아들이 대학에 간 후 처음 몇 달 간은 무척 홀가분한 마음이었다고 한다. 그런데 그것도 잠시 뿐, 아들이 기숙사에서 생활하는데다가 돌봐줄 일도 현저히 줄어들면서 그동안 자신이 살아온 시간들을 돌아볼 때가 많아졌다고 한다. 그럴 때마다 그 친구는 허탈한 생각에 빠져들었다. 아이를 키우고 공부시키느라 온갖 정성을 쏟으며 바쁘게 살아왔지만, 불현듯 자신을 위해서는 아무것도 한 것이 없다는 것이다.

이것은 비단 이 친구만의 이야기는 아닐 것이다. 아이를 양육하느라 자신의 모든 것을 기꺼이 내준 엄마들은 아이가 성인이 되어 자신의 삶을 살아가기 시작할 때쯤 뭐라 표현 못할 허전함으로 마음이 무너져 내리곤 한다. 어느새 젊음의 시간은 지나가고, 자신의 젊음을 바쳐왔던 아이는 이제 더 이상 엄마의 도움을 필요로 하지 않는 탓이다. 엄마가 아이의 인생을 대신해줄 수 없듯이 아이 역시 엄마의 남은 인생을 대신해줄 수 있는 것은 아니다.

아이는 자신의 꽃을 피우기 위해 이 세상에 왔다. 그동안 엄마는 아이가 싹을 틔우고, 그 싹이 잘 자라도록 비닐을 씌워주고 영양제를 주며 성장을 도왔다. 이제 아이가 자신의 꽃을 스스로 키우고 관리해나갈 나이가 되면 엄마는 축복하는 마음으로 아이를 떠나보내야 한다. 아이의 필요를 채워줄 수 있었던 세월은 어쩌면 엄마 삶의 가장 빛나는 순간이지 않았을까! 나를 통해서 세상에 온 아이를 마음껏 사랑하고 돌보라. 그 아이가 사춘기에 접어들기 시작할 때면 엄마가 먼저 독립을 준비하자. 아이로부터의 독립이란 아이 뒷바라지하느라 잠시 잊고 있었던 엄마 자신을 새롭게 디자인하는 일을 말한다. 아이에게로 집중해 있는 에너지를 조금 덜어내어 이제 자신을 사랑하고 돌보는 일에 사용해보자는 것이다.

나는 소를 잃고 난 뒤 외양간 고치듯, 힘들고 아픈 시간을 지나고서야 겨우 나를 새롭게 만나게 되었다. 미처 대비하지 못한 폭풍우를 만난 것처럼 큰아이의 힘든 사춘기 속에서 나는 엄청난 고통과 인내의 시간에 맞서야 했었다. 지금 돌아보면 아이와의 싸움이 아니라 나 자신과의 외로운 싸움이 아니었나 생각된다. '내가 잘못해서 이렇게 된 거야.', '나는 못난 엄마야', '나는 실패했어.', '왜 하필이면 우리 애가 이러는 걸까' 하는 내면에서 올라오는 좌절의 소리들을 극복하지 못해 더욱 힘들었다.

만약 내 인생에서 큰아이의 사춘기가 힘들게 오지 않았다면 지금 나는 어떤 모습을 하고 있을까? 아마도 지금의 나는 여기 있지 않을 것이다. 아이를 잘 키워냈다는 오만함과 아이의 성공을 삶의 훈장으로 여긴 채 안이한 마음으로 살아가고 있을 것이다. 감사하게도 세상이 폭풍우 속으로 내 자존심을 내동댕이치고, 진흙탕을 뒹굴게 하는 동안 나는 알게 되었다. 더 이상 나를 미워하고, 아이를 원망하고, 상황에 저항하는 것은 미친 짓이라는 것을!

나는 그동안 익숙해 있던 낡은 나를 과감하게 버렸다. 내 등 뒤에 있어서 볼 수 없었던 감사할 것들을 찾고, 자신을 새롭게 바라보기 시작했다. 그 때서야 비로소 온전한 나를 발견할 수 있었다.

내 안에 금맥이 있다

누구나 자기만의 금맥을 가지고 있다. 숨겨져 있는 금맥을 제대로 찾아가려면 시선을 자신의 내부로 돌려야 한다. 누구 엄마가 아닌 내 이름을 다시 불러보라. 나의 탁월함과 가치를 들여다보라. 내가 무엇을 좋아하는지, 어릴 적에 내가 잘했던 것은 무엇인지, 내가 이루고 싶은 것은 무엇인지 매일 자기 자신과 만나 대화하라. 마음속에 흐르고 있는 깊고 푸른 강을 따라가다 보면 어느새 자기만의 거대한 금맥을 만나게 될 것이다. 너무 늦었다고도, 시간이 많이 남았다고도 생각하지 마라. 지금 서 있는 이 자리가 바로 출발점이다.

영원한 현역이라 불리는 미국의 39대 대통령인 지미 카터^{Jimmy Carter}는 "후회가 꿈을 대신하는 순간부터 우리는 늙기 시작한다"라고 했다. 그는 재임기간 동안 최악의 대통령이란 악평을 들었지만, 퇴임 이후 자신의 삶과 꿈을 새롭게 디자인하여 노벨평화상까지 수여받게 된다. 놀랍게도 대통령직에서 물러난 지 22년 만의 일이었다. 우리도 지금부터 꾸준히 자신의 삶과 꿈을 바라보고 새롭게 디자인해 나간다면 누구에게나 '인생의 노벨상'이 주어질 것이라 믿는다.

한 쪽 문이 닫히면 늘 다른 쪽 문이 열리게 마련이다. 닫힌 문만 바라보고 있다면 다시 열리는 등 뒤의 문을 보지 못할 것이다. 고맙게도 아이의 사춘기가 내 안의 문을 활짝 열어주었다. 그 문을 열고 들어가 반짝반짝 빛나는 금맥을 발견하게 된 것이다. 나는 매일마다 5년 후, 10년 후의 내 모습을 새롭게 디자인하고 꿈꾼다. 새로운 나를 디자인해 나가는 일은 나를 가장 사랑하고 돌보는 일이며, 또한 내 아이를 가장 사랑하고 돌보는 일이라는 것을 알기 때문이다. 명료한 꿈을 가지고 자신을 가꾸어 가는 코치엄마의 곁이라면 아이도 자신의 금맥을 찾아가는 여행에 기꺼이 함께 할 것이다.

2. 날개를 받쳐주는 바람이 되라

예전에는 학교에서 공부를 1등 하거나, 지능이 높은 아이들을 영재라 칭했다. 그러나 요즘은 운동에 소질을 보이거나, 노래나 무용을 잘하거나, 말을 잘하는 등 다양한 분야에서도 공부 영재 이상의 탁월함을 인정받고 있다. TV에서도 다양한 프로그램을 통하여 아이들이 재능을 발휘할 수 있는 기회를 제공하고 있으며, 아이들은 이를 발판으로 자신의 끼를 마음껏 발휘하곤 한다.

지금부터 내 아이가 좋아하는 것은 무엇일까, 내 아이는 어떤 재능을 타고 났을까 알아보자.

내 아이가 좋아하고 잘하는 것은 무엇일까?

아이의 재능을 알아보는 방법 중의 하나로 다중지능^{MI}에 대해 알아보자. 다중지능이론은 미국의 심리학자 하워드 가드너^{Howard Gardner}가 지능의 절대적인 기준이었던 IQ, 감성지능이라는 EQ를 넘어 인간의 다양한 능력을 지능으로 바라보는 것에서부터 출발한다. 그는 사람을 잘 사귀는 것, 사람을 잘 웃기는 것, 무용을 잘하는 것, 스스로를 잘 다스리는 것도 지능이라고 말한다. 수학 문제를 잘 풀지는 못해도 한 번 들은 음악을 그대로 연주해내는 사람이 있다. 남들 앞에서 말 한마디를 제대로 못하면서도 무용으로 몸 연기를 기막히게 해내는 사람도 있다. 우리가 천재라고 말하는 아인슈타인은 논리수학과 공간을 다루는 힘은 매우 탁월했지만, 의사소통에는 어려움이 많은 말더듬이였다고 한다. 춘원 이광수도 언어를 다루는 뛰어난 능력에도 불구하고 사람과의 관계를 형성하는 능력은 턱없이 부족했다고 한다.

이렇듯 다중지능은 인간의 지능을 지적 능력 한 가지만으로 말할 수 없으며, 누구나 가지고 태어나는 8가지의 능력에 대해서 말한다. 이는 자신만이 가지고 태어난 고유한 능력을 어떻게 계발하느냐에 따라 각 영역에서 '수많은 종류의 천재'가 있을 수 있음을 말해주고 있다.

다중지능에서 말하는 8가지 지능은 언어지능, 논리수학지능, 신체운동지능, 음악지능, 공간지능, 인간친화지능, 자기성찰지능, 자연친화지능이 그것이다. 비록 천재적 수준은 아니더라도 누구나 이들 가운데 특정 분야의 독자적인 강점 지능을 가지고 태어난다고 한다. 또한 이들 8가지 지능은 항상 서로 영향을 주고받으며 상호작용을 한다. 게다가 개인적인 노력과 교육 환경이 받쳐진다면 누구나 이 8가지 지능을 필요한 수준 이상으로 끌어올릴 수 있다는 것이다. 또 각각의 지능들이 어떤 한 가지 지능에 고정되어 있지 않다는 것에 주목해야 한다. 언어지능이 뛰어난 아이가 읽고 쓰는 것을 잘 할지라도 말을 유창하게 하지 못할 수도 있으며, 음악지능이 뛰어난 아이가 피아노 연주를 아주 잘하지만 노래를 부르는 것은 수준 이하일 수도 있다는 것이다.

하워드 가드너는 자신이 타고난 강한 지능과 약한 지능을 잘 구분해서 강한 지능은 더욱 수준을 올리고, 약한 지능은 평균 정도의 수준으로 끌어올리는 것이 가장 중요하다고 말한다. 또 다중지능에 관한 다양한 사례를 담아 《지력혁명》을 펴낸 문용린 전 교육부장관 역시 사람들은 누구나 저마다의 빛을 가지고 태어나며, 자신만의 빛깔을 잘 발견하고 찾아가는데 주목하라고 말한다. 문용린의 《지력혁명》을 참고한다면 사춘기 아이의 다중지능에 대해 좀 더 깊고 풍성한 이해를 얻을 수 있을 것이다.

내 아이의 강점지능과 약점지능은 무엇일까? 아이가 평소 어떤 것에 관심을 가지는지 관찰해보자. 아이가 학교에서 정말 좋아하는 과목 한 가지 또는 좋아하는 취미가 있다면 거기서부터 시작할 수 있다. 다중지능 자가 테스트를 통해서 아이의 상위 3가지 강점지능을 알아보도록 하자. 이는 내 아이가 어떤 활동을 좋아하는지 좀 더 깊이 알아볼 수 있는 기초자료가 될 수 있다. 또 상위 3가지 강점지능의 조합은 아이의 재능이 가장 효과적으로 발휘되는 지점이다. 서로의 지능이 조합되어 아름다운 결과물을 창조해내기 때문이다. 예를 들면, 발레리나 박세은은 신체운동지능·인간친화지능·자기성찰지능이라는 3가지 지능의 조합으로 실현되었고, 싱어송 라이터 윤하는 음악지능·언어지능·자기성찰지능으로, 외과의사 송명근은 논리수학지능·자연친화지능·자기성찰지능의 조합으로 자신이 하고 싶은 일의 성공된 자리에 있을 수 있었다.

다중지능의 관점에서 아이의 강점지능과 약점지능에 대해 늘 관심을 가지고 관찰하다보면 아이를 좀 더 깊이 이해할 수 있고, 더 나아가 아이의 재능을 발견하는데 큰 힘이 될 것이다.

덕후들이 각광받는 세상

최근 자신이 좋아하고 잘하는 것에 무섭게 몰두하여 자신의 꿈을 실현한 사람들의 이야기를 자주 접하게 된다. 이러한 사람들을 '덕후'라고 말하곤 하는데, 이는 어느 특정 분야에 심취하여 연구와 개발을 지속적으로 해나가면서 그 분야의 전문적인 능력을 가지게 된 사람을 지칭한다. 특히 요즘은 '덕후가 성공하는 시대'라는 말과 함께 만화와 로봇, 맥주, 블록, 종이비행기 등 다양한 영역의 덕후들이 등장하고 있다.

얼마 전에 방송된 MBC-TV 〈덕후의 시대〉에는 좋아서라는 이유 하나만으로 꾸준히 한 분야에 몰입해온 사람들의 성공 이야기가 소개되었다. 그들의 말을 들어보면 하나같이 좋아하기 때문에 힘들어도 꾸준히 할 수 있었고, 더 잘할 수 있게 되었다고 말한다.

이처럼 무엇인가를 좋아한다는 것은 지속적인 열정과 몰입을 이끌어내며, 스스로 다음 단계로의 성장을 부추긴다. 처음에는 그저 취미로 시작했지만, 자신이 좋아하는 것에 몰입함으로써 누구도 상상하지 못할 강력한 전문성을 갖추게 된 것이다. 자신이 좋아하는 것과 자신이 하고 싶은 일을 하는 다양한 분야의 덕후는 오늘날 창의적 인재상으로 각광받고 있으며, 그들의 성공 스토리는 우리를 늘 가슴 뛰게 한다.

〈주간동아〉에 연재된 '안병민의 일상경영'에도 '덕후가 대접받는 세상'이라는 흥미로운 내용이 소개되었다. 세상과 소통하지 못하고 쓸데없는 무언가에 편집증적으로 집착한다는 부정적인 의미로 여겨졌던 '덕후'에 대한 시선이 완전히 달라지고 있음을 알려주었다. "인류는 덕후들의 능력으로 진화됐다"는 말처럼 앞으로 펼쳐질 미래시대는 진정 덕후들이 각광 받는 시대가 아닐까 하는 생각이 든다. 날아보고 싶다는 끈질긴 관심과 연구로 사람의 비행을 가능케 한 라이트 형제는 '비행기 덕후'였고, 컴퓨터에 광적인 몰입으로 인류의 컴퓨터 혁명을 이루어낸 스티브 잡스는 '컴퓨터 덕후'인 셈이다. 세종대왕은 '언어 덕후'였고, 어릴 때부터 피겨 스케이팅과 사랑에 빠져 피겨 여왕이 된 김연아 선수는 '피겨 덕후'인 것이다.

아이가 무엇을 좋아하고 잘하는지를 아는 것은 정말 중요하다. 자신이 좋아하고 잘하는 일을 업으로 살아가는 일은 행복한 삶을 선물 받은 것과 다를 바 없기 때문이다. 스티브 잡스는 다음과 같이 말한 바 있다. "내가 이 일을 계속할 수 있었던 이유는 이 일을 사랑했기 때문입니다. 여러분도 사랑하는 일을 찾아야 합니다. 마치 사랑하는 사람을 찾아야 하듯." 무슨 일을 하건 자신이 좋아하는 일을 하게 된다면 지속적으로 나아갈 수 있음을 다시 한 번 깨닫게 해주는 말이다.

점점 덕후가 살아남는 시대가 되어갈 것이다. 내 아이의 덕후 기질은 무엇일까? 내 아이가 무엇을 할 때 표정이 가장 밝아지는지, 언제 눈빛이 가장 빛나는지 그 순간이 바로 내 아이의 덕후 기질을 발견하는 주요한 단서가 될 것이다.

요리 덕후가 된 아이

여성잡지 〈우먼센스〉에 실렸던 '제2의 에드워드 권'이라 불리는 14세 권종협 군은 요리 덕후이다. 초등학교 2학년 때까지는 과학자가 꿈이었던 종협이는 우연히 방과 후 활동에서 '요리과학'을 배우다가 요리에 관심이 생겼다고 한다. 종협이 어머니는 아이가 TV에서 예능 프로그램보다 맛집 소개 프로그램을 즐겨보고, 또래들이 많이 보는 《메이플스토리》 대신 《식객》 같은 음식 관련 책을 재미있게 보는 아이의 모습을 관찰하게 되었다.

종협이 어머니는 아이가 공부에는 관심을 갖지 않아 걱정이 많았지만, 아이를 믿고 관심 있어 하는 것을 밀어주기로 했다고 한다. 청소년이 다닐 만한 요리학원에 보내는 등 아이를 적극적으로 응원해준 어머니 덕분에 종협이는 14세의 어린 나이에도 요리 분야에서 자신의 꿈을 펼쳐 나가고 있다. 명료한 자신의 꿈을 가지고 있기에 공부 스트레스에서 자유로운 종협이는 또래들의 '중2병' 같은 사춘기 반항 모습은 전혀 보이지 않는다고 한다.

종협이 어머니는 아이가 나중에 꿈이 바뀌거나 요리를 그만둔다고 해도 아이의 인생에서 무엇인가에 매진해 노력했던 경험이 또 다른 것에 도전할 수 있는 자신감을 가질 수 있는 바탕이 될 거라고 말한다. 종협이 어머니는 아이가 관심 있어 하는 부분을 지켜보고 응원해준 지혜로운 코치엄마가 아닌가 생각한다. 이 시대의 요리 덕후로서 용기 있게 자신의 길을 걸어가는 종협이의 미래에 응원의 박수를 보낸다.

아이 꿈의 날개를 받쳐주는 바람이 되라

코치엄마는 아이가 무엇을 좋아하고 흥미로워하는지 관심을 가지고 지속적으로 관찰하는 눈을 가지고 있어야 한다. 아이의 타고난 여러 재능 중에서 최고 탁월한 것을 찾아내어 아이가 덕후의 삶을 살아갈 수 있도록 후원해주는 일이 코치엄마가 해야 할 일이다.

아이가 평소 관심을 보이거나 호기심을 보이는 일이 있을 때 아이를 있는 그대로 지켜보는 것이 중요하다. 물론 쉬운 일은 아니다. 하지만 최선은 다해 가능성을 믿고 아이가 좋아하는 것에 문을 두드려 보자. 해보지 않고 어떻게 알 수 있겠는가?

다만 지나침은 부족함만 못하다는 말처럼 우리가 조금은 경계해야 할 일이 있다. 아이가 조금 잘할 때 너무 쉽게 흥분하거나, 이와 반대로 주변 아이보다 뒤처진다고 쉽게 실망하고 예민하게 반응해서는 안 된다. 엄마의 섣부른 집착으로 천재적인 아이를 오히려 망치게 되는 경우를 우리는 많이 보아왔다.

때가 되면 꽃은 반드시 화려하게 피어난다. 가을이 되면 아름답게 피어날 국화꽃을 봄에 피지 않는다고 재촉하면 되겠는가! 때가 되면 아이의 천재성과 덕후가 나타날 것이다. 아이가 자신의 미래 길을 터나가도록 그저 지켜봐주자. 코치엄마는 믿고 기다리며 아이 꿈의 날개를 받쳐주는 바람이 되어야 한다.

3. 새 언어로 단단히 무장하라

남아메리카 어느 부족에게는 불필요하게 자란 나무를 죽이는 특별한 의식이 있다고 한다. 부족민들이 나무를 지날 때마다 "넌 죽어야 해.", "넌 필요 없는 존재야"라고 큰소리로 외치면 그 나무는 수

개월 내에 말라 죽고 만다고 한다.

이렇듯 말에는 각인력과 에너지가 있다. "말이 씨가 된다"라는 속담처럼, 말은 소리가 되어 입으로 나오는 순간 강력한 힘을 가지게 된다. "속상해!", "재수 없어!", "짜증나!" 이런 말을 해보면 정말 마음에서 힘이 빠져버리는 것 같다. 반면에 "사랑해!", "고마워!", "대단해!" 등을 말하거나 듣게 되면 몸의 긴장감이 풀어지고 에너지가 올라가는 것을 느낄 수 있다.

우리가 하는 말은 눈에 보이지는 않지만 우리 주변을 돌며 커다란 에너지 파장을 일으킨다. 누군가의 말 한마디에 큰 용기를 얻게 된 경험이 한 번쯤은 있을 것이다. 상대방이 던진 의미 없는 말 한마디가 두고두고 마음의 상처가 된 적도 있을 것이다. 말은 형체가 없어 입에서 나가고 나면 사라져버리는 것 같지만, 그 에너지는 늘 우리 마음 주변을 맴돌고 있는 것이다.

멍든 마음

리처드 윌리엄스^{Richard Williams}의 《피드백 이야기》에는 어릴 때 아버지로부터 늘 "바보멍청이"라고 불림을 받았던 한 여성의 이야기가 나온다. "멍청아, 이리와 봐.", "야, 바보멍청이! 넌 왜 맨날 이 모양이야!"라는 말을 들으며 자란 이 여성은 어른이 되어서도 자신이 다른 사람에 비해 정말로 머리가 나쁘다고 믿었다. 그녀는 "나는 바보멍청이야"라는 생각이 자신의 인생에 큰 영향을 미쳤다고 고백했다. 다행히 사회적응력이 뛰어나 나름 괜찮은 회사에서 직장생활을 하게 되었으나, 회사 직원들 역시 그녀를 골칫덩어리라고 불렀다. 직장에서도 무시와 조롱을 받아온 그녀는 마음의 고통이 무척 심했다.

하지만 우연한 기회에 회사에서 진행하는 코칭 교육을 접하게 된이 여성은 그제야 어릴 적 아버지가 한 말들이 자신의 무의식 깊숙한 곳에 자리 잡고 있었다는 것을 깨닫게 되었다. 자신은 원래 멍청한 사람이라고 여겨 다른 사람이 놀려도 반응하지 않았고, 자신을 가꾸지도 않았던 것이다. 그녀는 몇 달 간의 코칭 과정을 통하여 자신을 바라보는 관점을 바꾸어 나갔다. 그리고 놀랍도록 자신에 넘치는 모습을 가지게 되었다.

이 이야기는 어릴 때 들었던 부정적인 말이 일생 동안 그림자처럼 따라다니면서 얼마나 큰 악영향을 주게 되는지를 우리에게 일깨워준다. 말은 우리 몸에 습관처럼 배여 있는 경우가 많다. 엄마가 은연중에 던지는 말들 중에도 아이 마음을 아프게 하는 말들이 있을 것이다.

교육학자 이성호 교수의 《부모가 하지 말아야 할 21가지 말》에서 소개한 말들 가운데 몇 가지를 옮겨온다.

"그 때 저걸 낳지 말았어야 했는데…."

"너도 다음에 커서 꼭 너 같은 새끼 한 번 낳아보렴."

"너, 방에 들어간 게 언제인데 아직도 그러고 앉았냐?"

"걔는 벌써 중학교 2학년 과정 다 떼었다더라."

"너, 다시는 그 아이하고 어울리지 마."

"쓸데없는 생각하지 말고 숙제나 해."

"너 땜에 정말 미쳐버리겠다."

엄마로부터 이런 말을 들은 아이의 심정은 어떨까. 화가 나서 불쑥 내뱉는 부모의 말 한마디가 아이에게 평생 지울 수 없는 상처를 남길 수 있다. 위의 말들을 가만히 살펴보면 시름에 겨워서 무심코 내뱉은 혼잣말이기도 하고, 걱정된 마음의 꾸지람이기도 하다. 너무 속이 상해서 앞뒤 가리지 못하고 쏘아붙인 화풀이이기도 한 말들이다.

어떤 경우이건 아이가 엄마로부터 들은 부정적인 말은 그 누구의 말보다도 크게 아이 마음에 각인된다. 어떤 아이들에게는 그것이 몇 년 몇 월 며칠에 일어난 일이었던가 날짜까지 정확히 기억할 정도로 충격이 되어 남아 있다고 한다. 부정적인 암시를 가진 말은 엄마와 사춘기 아이 간에 갈등과 분노의 근원이 될 뿐더러, 아이의 마음 깊이 저장되어 삶이 송두리째 무너지게 하기도 한다.

하버드대학의 한 연구에 따르면 아이가 보통 18세가 될 때까지 15만 개의 부정적인 암시를 받는다고 한다. 부정적인 말은 곧바로 잠재의식에 저장이 되는데다가 18세 이후부터는 매일 22가지의 부정적 암시가 추가된다고 한다. 이러한 힘겨운 마음으로 어떻게 아이들이 미래의 성공과 행복을 꿈꿀 수 있을까! 나는 지금 엄마로서 어떤 언어를 사용하는가, 내가 무심코 던진 말에 아이의 마음에 상처가 생기지는 않았을까 곰곰이 생각해볼 일이다.

새 언어로 말의 옷을 바꿔 입자

말의 힘에 대해 좀 더 자세히 알고 싶다면 김용욱의 《몰입의 법칙》을 참고해보길 권한다. 이 책에는 말의 힘에 대해 다음과 같은 내용이 실려 있다.

"이스라엘의 엄마들은 아이가 아직 말의 뜻을 알지 못할 때부터 '네, 할 수 있어요'라는 말을 입에 달고 산다고 한다. 중요한 것은 하루에도 몇 번씩 엄마가 먼저 '네, 할 수 있어요'라고 말하기 때문에 아이들은 그 뜻도 모르면서 저절로 따라하게 된다. 그렇게 반복된 '네, 할 수 있어요'는 저절로 뇌에 각인되며 아이는 '할 수 있다'는 자신감을 자연스럽게 얻게 된다. 전 세계 60억 인구의 약 0.25%에 불과한 소수 민족인 유대인이 세계를 장악하는 힘은 이러한 환경에서 비롯된다 해도 과언이 아니다. 유대인은 어릴 때부터 '말의 힘'을 빌려 성공으로 가는 길을 걷고 있는 것이다."

이처럼 엄마가 하는 말은 아이의 일생을 걸쳐 지대한 영향을 미치게 됨을 알 수 있다. 자신의 아이가 앞으로 어떤 마음의 에너지를 가지고 살기를 원하는가? 엄마의 언어습관은 곧 아이의 거울이 된다. 평상시 의도적으로라도 긍정어를 사용하는 습관을 기르고 실천해 나가도록 하자. 분명 오랜 세월 동안 몸에 배인 말투를 바꾼다는 것이 쉽지만은 않을 것이다. 하지만 말의 힘이 아이의 행복과 성공된 삶에 중요한 열쇠임을 인식한다면 과감하게 언어의 새 옷을 갈아입을 수 있을 것이다.

긍정적인 언어의 새 옷을 입기 위해 가장 먼저 해야 할 일은 자신의 언어습관을 체크해보는 일이다. 자신이 어떤 언어를 자주 사용하는지 적어보고, 부정적인 언어는 긍정적인 언어로 바꾸어 말해보면서 습관을 형성해 나가면 된다.

필자가 받았던 리더십 교육과정 중에 자신이 알고 있는 감정 단어를 적어보는 시간이 있었다. 우선 생각나는 대로 30가지를 적고, 그 중에서 긍정단어와 부정단어의 개수를 세어보았다. 그리고 맨 처음에 적은 단어가 어떤 단어에 속하는지 말해보라고 했는데, 나는 깜짝 놀랐다. 내가 적은 연속 3개의 단어가 모두 '슬픈', '외로운', '힘든'이라는 단어였기 때문이다. 나는 이 과정을 통해 자신이 품고 있는 감정이 언어 표현에 큰 영향을 미치게 되고, 나아가 행동에도 반영된다는 사실을 알게 되었다.

말은 자신이 가지고 있는 마음의 에너지가 외부로 표출되는 과정이라고도 할 수 있다. 자신의 언어습관을 하나씩 살펴 나가다보면 자연히 자신의 마음이 있는 방으로 들어가게 된다. 그 마음의 방에서 지금 이 순간도 언어의 색깔이 만들어지고 있다. 그러므로 언어의 새 옷을 입는다는 것은 자신의 마음 에너지를 긍정으로 바꾸는 것에서부터 출발한다고 할 수 있다.

다음으로, 긍정적인 표현을 익혀나가야 한다. 어떤 상황이 생겼을 때 다양한 표현 방법을 알고 있다면 훨씬 도움이 될 것이다. 나는 다양한 종류의 책과 자료를 찾아보며 마음속에 긍정적인 에너지와 표현방법을 채워 넣고자 노력했다. 그동안 알고는 있었으나 제대로 사용하지 않았던 보석 같은 가치단어들, 듣기만 해도 마음이 따뜻해지는 감정단어들을 하나씩 나의 것으로 만들어 갔다. 새 구두를 처음 신을 때처럼 어색했던 순간이 많았지만, 새 언어를 사용하는 매순간마다 마음속에는 긍정적인 에너지가 조금씩 채워지고 있었다.

그러나 아무리 새 언어로 무장을 하더라도 아이를 키우다보면 어쩔 수 없이 부정적인 표현을 하게 될 때가 있다. 그럴 때에도 긍정적인 언어로 바꿔서 표현할 수 있다. "안 일어날 거야!" 대신 "일어나자.", "양치질 안 할 거야?" 대신 "양치질 하자.", "숙제 안 하고 뭐해?"라는 말 대신 "숙제는 언제 할 거니?"와 같이 우리가 흔히 하는 말에서 "안"이라는 글자만 살짝 빼서 말하는 것만으로도 이미 긍정적인 언어의 새 옷을 입는데 절반은 성공한 것이나 다름없다.

긍정적이고 희망적인 표현을 하는 습관은 코치력을 준비하는 작은 한 걸음이다. 긍정적인 언어습관은 아이의 삶을 바꾸는 원동력이 되어주고, 아이 스스로 긍정적인 마음의 그림을 그릴 수 있도록 도와준다. 이 세상 어떤 엄마도 아이가 학교에 가지 않기를 바라지는 않을 것이다. 그런데도 우리는 아침에 어정거리는 아이를 보고

"학교 안 갈 거니?"라고 무의식적으로 말하게 된다. 가장 중요한 것은 '마음의 방에 있는 말'을 긍정적인 언어로 표현하는 것이다.

엄마의 마음의 방에는 무한한 사랑이 가득 차 있다. 마음의 방에 있는 말만 하겠다고 다짐해보라. 그러면 마음속에서 꿈틀거리고 있는 "사랑해!", "네가 있어 행복해!", "잘 할 수 있어.", "네가 자랑스러워!"라는 말들이 절로 나오게 될 것이다.

4. 입뿐만 아니라 온몸으로 말하라

한 번의 몸짓이 말해주는 것들

우리는 매일 많은 사람들과 대화를 주고받으며 살아간다. 그런데 한 번쯤 대화 상대방이나 자신의 모습을 눈여겨본 적 있는가? 잘 살펴보면 우리가 누군가와 대화를 할 때 결코 '말(입)로만' 대화를 하고 있지 않음을 알 수 있다. 말과 함께 수많은 비언어적인 표현으로 마음속 말을 전달하고 있다. 의식적이든 무의식적이든 우리는 말하는 동안에 눈짓, 손짓, 표정 등의 비언어적인 표현들을 통해 자신의 마음에 있는 생각과 감정을 여지없이 보여주고 있다.

말을 하지 않아도 몸짓과 표정 등의 표현만으로도 충분히 의사전달을 할 수 있다는 점에 주목해야 한다. 흔히 누군가 발표를 성공리에 잘 해냈거나, 또는 경기에 나가는 누군가를 향해 양손의 엄지를 치켜세우며 격려와 축하의 에너지를 보내는 경우가 있다. 말을 건네지 않아도 그 몸짓이 "넌 최고야!", "할 수 있어!"라는 뜻을 전해 준다는 것을 우리는 이미 알고 있기 때문이다.

요즘 많이 하는 몸짓 중에 엄지와 검지를 꼬아 하트를 만들어 입으로 후하고 불어 보내는 것이 있다. "널 사랑해!"라는 애교 섞인 몸짓언어다. 양팔을 머리 위에 올려 하트를 만들어 보내게 되면 어떤 말을 하고자 하는지 멀리서도 단번에 알아차릴 수 있다. 극적인 고난을 이겨낸 아버지와 아들이 멋지게 주먹인사를 나누는 영화 장면에서는 아무런 대사가 없어도 보는 이로 하여금 가슴 뭉클한 감동을 자아내게 한다. 이렇듯 몸짓 하나가 열 마디 말보다 강렬하게 사람들의 마음을 움직이게 할 수 있는 것이다.

아이와 대화를 나눌 때도 마찬가지다. 엄마는 말하는 것 못지않게 표정과 몸짓으로도 대화를 한다. 엄마가 말을 하지 않았더라도 이미 눈빛이나 표정, 손동작, 목소리의 톤과 말의 속도 등으로 아이들은 엄마의 그것에 담겨 있는 의미를 직감적으로 알아차린다. 엄마의 눈빛 하나에서 사랑과 격려를 느낄 수 있고, 수치심과 경멸을 느낄 수도 있다. 엄마들은 가끔 턱짓(턱으로 말하고자 하는 것을 가리키는 짓)이나 손가락질을 하기도 하는데, 이러한 몸짓은 말보다 더욱 부정적인 느낌과 감정을 전달하기 때문에 아이 마음에 치명적인 상처를 입힐 수 있다. "행동의 소리가 말의 소리보다 크다"라는 말이 있듯이 몸짓이 때로는 입으로 하는 말보다 더 많은 것을 이야기해준다.

이러한 사실은 UCLA 대학의 앨버트 메라비언$^{Albert\ Mehrabian}$이 발표한 '메라비언 법칙'에서 더 상세히 알려준다. 우리가 대화를 할 때 목소리는 38%, 보디랭귀지는 55%의 영향을 미치는 반면, 말하는 내용은 불과 7%만 작용한다고 한다. 말의 내용을 제외하고 '비언어적인 표현'이 차지하는 비율이 무려 93%나 되는 것이다.

목소리의 고저나 속도, 억양, 악센트, 발음 등과 같은 청각적인 요소와 눈빛이나 표정, 손동작, 자세 등의 시각적인 요소가 바로 비언어적인 표현이다. 만약 말하는 내용과 목소리, 몸짓이 서로 일치하지 않는다면 우리는 말보다 비언어적인 표현에 더 크게 반응을 하게 된다. 가령 "사랑해"라고 말하면서 표정은 딱딱하게 굳어 있고 시선이 다른 곳으로 향해 있다면 과연 그 사랑한다는 말을 신뢰할 수 있을까? 반면에 "애야, 힘내!"라고 말하면서 눈을 맞추고 미소를 지어준다면 "힘내!"라는 말의 의미가 더 힘차게 전달될 것이다.

우리가 조금만 의식적으로 훈련한다면 비언어적인 표현만으로도 훨씬 더 효과적인 의사소통을 할 수 있다. 몇 가지 비언어적인 표현의 힘을 알아보도록 하자.

- **눈맞춤의 힘 :** 따뜻한 미소를 지으며 아이의 눈을 들여다본 적 있는가? 아이의 맑은 눈을 깊이 바라보며 이야기 나눠본 적 있는가? 눈맞춤에는 그 어떤 말로도 표현할 수 없는 신뢰와 믿음의

에너지가 담겨 있다. 따뜻하고 사랑이 가득 담긴 마음으로 아이의 눈을 바라보며 미소 지어 주는 것은 돈이 들지도, 시간이 많이 걸리지도 않는다. 아이와 눈을 마주하는 시간은 아이를 존재 그 자체로 느낄 수 있는 최고의 시간이다.

1989년 미국의 심리학자 캘러먼과 루이스는 낭만적인 실험을 했다. 처음 보는 남녀 48명을 모집하여 한 그룹에는 특별한 지시를 하지 않았고, 다른 한 그룹에는 2분 간 '상대의 눈을 바라볼 것'을 지시했다. 2분 후 특별한 지시가 없었던 그룹에 비하여 상대의 눈을 바라본 그룹은 눈맞춤만으로도 서로에 대한 호감도가 상승했다고 한다. 눈은 혀만큼이나 많은 말을 해주기 때문이다.

- **스킨십으로 사랑의 체온을 전하라** : 아이가 어릴 때는 안아주고 쓰다듬어주는 일이 매우 자연스러웠는데, 사춘기에 접어들면서 안아주기가 꽤 어색하다는 말을 자주 전해 듣곤 한다. 사춘기가 시작되면 아이는 자신의 생각대로 하고자 하는 의도가 강해진다. 그래서 사춘기 아이와의 스킨십이 마음만큼 쉽게 이루어지지 않는 게 사실이다.

어느 경찰관이 소년 업무담당을 할 당시에 아이 때문에 경찰서로 오는 부모들에게 "평소 자녀와 스킨십을 얼마나 자주 하나요?"라고 공통적인 질문을 했다고 한다. 부모들의 대답은

"전혀 하지 못했다"가 가장 많았고, "거의 없지만 가끔 하는 경우가 있다.", "일주일에 한두 번 한다"의 순서였다고 한다. 경찰서에 온 소년들에게도 동일한 질문을 했더니 "부모님과 스킨십은 전혀 하지 못했다"가 가장 많았다고 한다.

스킨십은 아이를 사랑하고 소중하게 생각한다는 것을 몸으로 말해주는 것이다. 어깨를 톡톡 두드려주는 작은 스킨십부터 시작해보라. 아이의 어색한 반응에도 주저 말고 꾸준히 마음을 전한다면 아이가 사랑의 표현으로 엄마의 어깨를 톡톡 두드리는 행동을 자연스럽게 할 것이다.

■ **침묵으로 상황을 바꿔라** : 예전에 나는 아이와 얘기를 하다가 욱하고 올라오는 감정을 억누르지 못하는 경우가 많았다. 그 감정을 다스리지 못하고 폭발을 하게 되면 그 때부터 전투상황이 시작된다. 오죽하면 아이로부터 "우리 엄마는 헐크야"라는 말을 듣기도 했다. 한바탕 전쟁을 치르고 나면 결국 아무런 승산 없이 서로의 마음에 상처만 남겨지곤 했다.

하지만 요즘 들어 나는 감정이 솟아오를 때면 일단 내 방으로 들어가 눈을 감고 60까지 숫자를 헤아린다. 치솟은 내 감정이 가라앉을 때쯤 아이가 방문을 노크하곤 한다. 그 때 비로소 대화가 시작된다. 이와 같이 침묵은 때때로 아이의 마음과 상황을 바꾸도록 하는 탁월한 힘을 발휘한다.

침묵으로 비언어적 의사소통 능력의 중요성을 입증한 사람이 바로 오바마 전 미국 대통령이다. 오바마는 2011년 애리조나 총기난사사건 추모연설 도중, 아홉 살 희생자 소녀를 언급하다가 울음을 애써 참느라 51초 간 말없이 눈만 깜빡이는 등 '침묵'의 시간을 가졌다. 이 51초의 침묵은 미국 국민들에게 매우 감동적인 인상을 남겼다고 한다. 때때로 침묵은 그 어떤 말보다 강력한 힘을 발휘한다.

■ **엄마 자신의 얼굴을 들여다보라** : 자신의 얼굴에 얼마나 짜증이 가득한지 거울을 들여다본 적 있는가? 자신도 모르게 내뱉는 한숨소리와 투덜거림은 또 어떠한가? 아이는 이 모든 것을 직감적으로 느낀다. 아이들과 관련 없이 짓는 표정과 몸짓일 때조차도 아이들은 자신을 향해서 보내는 신호라고 여기고 마음이 불안해진다. 엄마의 마음과 생각을 다스리는 것이 아이를 다스리는 것이다. 속상한 일이 있을 때는 아이에게 좀 쉬겠다는 말을 하고 차라리 방에 들어가서 에너지를 재충전하는 것이 훨씬 지혜로운 방법이다.

■ **이야기 나누는 자리를 세팅하라** : "엄마와 얘기 좀 하자"라고 했을 때 "네, 엄마 알겠어요"라고 하며 흔쾌히 자리에 앉는 사춘기 아이는 별로 없을 것이다. "지금 막 공부하려고 했는데…"라며

툴툴거리기 일쑤다. 아이는 엄마와 마주앉는 것 자체가 부담스러운 일이다. 엄마가 하는 말에 마주보고 대답해야 하니 아이에게는 큰 부담이다.

그런가 하면 어떤 엄마들은 설거지하면서 아이를 보지 않고 말하기도 한다. 심지어 책상에 앉아있는 아이 뒤에서 말하기도 한다. 이런 대화의 자리는 '공포의 자리'다. 아이가 방어할 수 없는 자리에서 엄마가 말을 하니 아이 마음에 공포감이 들지 않겠는가!

자녀와 대화를 위한 가장 좋은 자리는 '조화의 자리'이다. 식탁이나 바닥에 앉아 얘기를 할 경우에는 기역(ㄱ)자 모양으로 엄마의 오른쪽이나 왼쪽에 아이를 앉히면 된다. 그러면 아이는 불편한 얘기를 나누더라도 굳이 엄마를 마주보지 않아도 된다. 소파에 나란히 앉아도 괜찮다. 조화의 자리는 심리적으로 마음 편하게 얘기를 나눌 수 있는 가능성을 높여준다.

아이가 집으로 돌아왔을 때 엄마가 따뜻하게 안아주면 아이는 어떤 마음이 들까? 사춘기 아이들은 처음엔 다소 당황한 듯 거부할 수도 있겠지만 아이의 마음속은 그렇지 않다. 100일간 지속적으로 아이를 따뜻하게 포용해준다면 어떤 일이 벌어질까? 밑져야 본전이니 한 번 시도해보자. 100일 동안의 포옹을 실천하는 동안 아이는 엄마의 사랑에 더욱 믿음을 가지고 정서적인 안정을 가지게 될 것이라고 나는 확신한다.

새로운 습관을 형성한다는 것은 결코 쉬운 일이 아닐 것이다. 그럼에도 불구하고 사랑하는 아이를 위해서 노력해보자. 코치력은 아이에게 말뿐만 아니라 온몸으로 말할 수 있는 힘이다. 엄마가 아이를 향한 몸짓 하나, 표정 하나에도 진정한 마음을 담는다면 아이에게서 놀랄 만한 변화를 경험하게 될 것이다.

5. 감성으로 마음의 온도를 높여라

하버드대학에서 7세 어린이 450명을 40년간 추적 연구해 성공과 출세에 가장 영향을 미친 요인이 무엇인지를 발표했는데, 첫째는 다른 사람과 어울리는 능력, 둘째는 좌절과 역경을 극복하는 태도, 셋째는 감정을 조절하는 능력이 그것이다.

세상에는 보통 정도의 지능IQ을 타고 났음에도 놀랄 만한 능력을 발휘하는 사람들이 있다. 이들에게 어떤 요인이 작용했을까? 대니얼 골먼은 《감성의 리더십》에서 "리더십의 성공은 99% 감성지능EQ에 달려 있다"라고 말한다. 감성지능이 잘 계발된 사람은 자신의 감정을 잘 인식하고, 자신의 감정을 조절하고 통제할 수 있으며, 다른 사람의 마음을 헤아려 그들과의 관계를 조화롭게 이끌어나간다. 즉 자기절제, 끈기와 열정, 스스로 동기를 부여하는 능력, 공감과 협력

등이 조화를 이루어내는 감성능력을 가지고 있다는 것이다.

인공지능AI이 인간과 함께 살아가게 될 미래는 다른 사람의 마음을 잘 읽고 움직일 줄 아는 사람, 틀에 박히지 않은 창의적이고 유연한 사고를 비장의 무기처럼 사용할 줄 아는 사람의 시대가 될 것이다. 감성능력은 인간만이 가진 사랑과 인성과 윤리적인 태도로 이 순간은 물론이거니와 미래에 그 가치는 더욱 빛날 것이라 믿는다.

감성능력의 4가지 단계

우리는 감성에 관해 배운 적 없다. 또 이성적인 사고와 행동을 하는 사람이 감성적인 사람보다 뛰어난 것인 양 알고 있다. 그러나 아무리 머리가 좋아도 감정을 잘 다스리지 못하면 좋은 성적, 건강, 원만한 관계를 유지하기 어렵다. 엄마의 감성능력은 아이의 마음 온도를 높이고, 아이와 돈독한 관계를 만들어 나가는데 큰 영향을 미친다. 다행히 이러한 감성능력을 학습과 훈련을 통해 계발해 나갈 수 있다 한다. 지금부터 필자의 경험과 함께 감성능력의 4가지 단계를 살펴보고자 한다. 한 단계씩 자신에게 적용하면서 스스로의 감성능력을 점검해보자.

■ 감성능력의 첫 번째는 자신을 인식하는 단계이다

자신의 생각과 감정이 어떠한지 스스로 알아차릴 수 있어야 한다. 어떤 실수나 상황에 초점을 맞추는 것이 아니라 현재의 감정과 왜 그런 감정이 들었는지 자신의 마음을 들여다보는 것이다. 자기 감정을 인식하는 좋은 방법은 질문을 던져보면서 자신과 대화를 해보면 된다. '내가 지금 어떤 감정을 느끼고 있지?', '무엇이 이런 생각을 갖게 했지?'라고 질문해보면 그 몰입된 상황 속에서 빠져나와 제3자 입장에서 자신을 바라보는 통찰의 시간을 가질 수 있다. 필자의 경우를 한 예로 들어본다.

그 날 나는 강의 중의 실수로 인해 계속 울적한 기분이 남아 있었다. 집에 와서 저녁을 먹는데 아이가 계속 스마트폰을 보면서 밥 먹는 모습이 유난히 못마땅하게 느껴졌다. 나는 참다못해 "스마트폰 당장 치우지 않을래?"라며 소리를 지르고 말았다. 갑자기 엄마가 언성을 높이니 아이는 그만 숟가락을 놓고 방문을 쾅 닫으며 자기 방에 들어가 버렸다. 내가 스스로 감정을 잘 제어하지 못해 발생한 일이다. 그때 내 감정 상태를 정확히 알았더라면 소리를 지르지 않고서도 좀 더 효과적으로 아이의 행동을 타이를 수 있었을 것이다. 아이의 행동을 언급하는 내 말과 목소리에 잔뜩 감정이 실려 있었기 때문에 아이의 감정도 흔들리게 된 것이다.

우리는 종종 어떤 상황으로 인해 기분이 나빴던 것이 다른 일에 영향을 미치게 되는 경험을 가지고 있을 것이다. '종로에서 뺨 맞고 한강에서 눈 흘긴다'는 속담처럼 전혀 상관없는 곳에서 처리되지 못한 감정을 쏟아내게 된다. 나는 아이의 돌발적인 행동에 정신이 번쩍 들었다. 황급히 내 마음을 들여다보니 강의를 완벽하게 잘 해내고 싶었고, 혹여 사람들이 나를 부족하게 평가할까봐 두려워하고 있는 마음이 계속 나를 지배하고 있었음을 깨닫게 되었다. 그 감정의 연장선으로 아이에게 불똥이 튕겨진 것이다.

■ 감성지능의 두 번째는 자신을 관리하는 단계이다

자신의 감정 상태를 알아차리게 되면 그 감정을 조절하고 통제하여 유연하게 대처할 수 있게 된다. 자신이 느끼는 감정을 편안하게 받아들일 수 있으면 어떤 상황에서도 최선의 말과 행동을 선택할 수 있다. 앞의 상황은 내가 감정을 조절하지 못한 상태에서 아이의 행동에 충동적으로 소리를 질러버림으로써 결국 우리 가족의 저녁 식사 분위기는 엉망이 되어버렸다.

그때 나의 감정 상태를 알아차리고 조절할 수 있었다면 어땠을까? 아이의 행동을 조금은 객관적으로 바라볼 수 있었을 것이고, 아이를 타이를 수 있는 다른 방법을 찾아보았을 것이다. 소리 지를 만큼 화가 올라왔어도 스스로 그 감정을 다스릴 수 있었을 것이다.

쉽지는 않겠지만, 갑작스럽게 폭발하는 감정을 잠재우는 좋은 방법이 있다. 크게 숨을 들이 마시고 예순까지 헤아리면서 심호흡을 하는 것이다. 예순을 세는 동안 치솟은 감정은 원래의 자리를 찾아간다. 그 상태가 되면 객관적인 관점으로 상황의 핵심에 다가갈 수 있다. 좀 더 장기적으로 자신의 감정을 관리하는 방법은 마음을 재충전할 시간을 따로 마련하는 것이다. 정기적인 여행이나 휴식을 통해 생각과 감정을 관리해나가는 것은 자신을 관리하는 매우 효과적인 방법이라고 생각된다.

■ 감성능력의 세 번째는 타인을 인식하는 단계이다

어떤 상황이 생겼을 때 타인의 입장과 감정을 헤아릴 수 있는 능력을 말한다. 많은 엄마들이 아이의 감정을 헤아리지 못하는 경우가 왕왕 있는데, 바쁜 일상도 한 몫 한다. 바쁘다보니 아이가 처한 입장과 감정은 아랑곳하지 않고 해야 할 일들만 지시하고 명령한다.

사실 관심을 가지고 들여다보지 않는다면 아이의 말만으로 마음 속 감정을 헤아리는 일은 무척 어려운 일이다. 아이의 몸짓에서 전해지는 것을 읽어내기 위해서는 깊은 경청 능력이 요구되기 때문이다. 아이의 말에 귀를 기울이지 않거나 엄마의 관점만 늘어놓게 된다면 아이의 어떤 것도 알아차리지 못하게 될 것이다.

앞의 경우, 얼마간의 시간이 지난 후 나는 내 감정 상태를 알게 되었고, 치솟았던 감정도 어느 정도 가라앉았다. 그제야 겨우 아이의 행동에 대해 찬찬히 생각해볼 수 있었다. 아이가 어떤 잘못을 했건 간에 그 순간 얼마나 당황했을까! 밥숟가락을 놓고 방에 들어가 버린 것은 버릇없는 행동이지만 그 때 아이가 할 수 있는 최선의 감정표현이 아니었을까! 아이도 분명 나에게 하고 싶은 말이 있었을 것이다. 나는 그렇게 아이의 입장이 되어 감정을 헤아리려고 노력해보았다.

■ 감성능력의 네 번째는 타인을 관리하는 단계이다

타인의 감정을 다루고 활용하는 능력이다. 좀 더 구체적으로 말하자면 자신의 감정을 솔직하게 말할 수 있는 능력과 어려워진 상황을 긍정적으로 재조정해나가는 능력을 말한다. 아이의 생각과 감정들을 다루어 아이가 최상의 능력을 펼칠 수 있도록 이끌어내는 최고의 감성능력이다. 어느 단계보다도 커뮤니케이션 능력이 필요한 단계이기도 하다.

아이의 감정을 다루고 이끌어내기 위해서는 오랜 시간 동안 돈독한 관계를 만들어 나가야 한다. 그러한 과정 속에서 자연적으로 아이의 잠재력을 이끌어내면서 동기부여를 할 수 있게 되는 것이다. 이 단계의 감성능력을 가지고 있는 엄마는 가정이라는 공동체 속에서 갈등이 발생해도 아이가 자신의 감정을 편안하게 느끼고 표현할 수 있도록 돕는다. 적절한 피드백과 진정어린 공감으로 아이를 이끌어나간다. 어떤 힘든 상황에 부딪혀도 그것을 긍정적인 방향으로 처리해나가며 갈등을 회복해갈 수 있는 감성능력을 가지고 있는 것이다.

나는 시간이 어느 정도 흐른 다음 아이 방에 노크해서 욱하고 소리를 질렀던 행동에 대해 진심어린 사과의 말을 했다. 낮에 강의 중에 있었던 나의 언짢았던 일을 얘기해주고 아이의 이해를 바랐다. 솔직하고 진심어린 나의 태도 덕분일까, 아이는 자신도 잘못했다며 숟가락을 놓고 버릇없이 행동한 것에 대해 사과를 했다. 그리고 앞으로 식사 중에는 스마트폰 보는 것을 자제하려고 노력하겠다는 말까지 했다.

그 날 예기치 못한 상황이 발생했지만 나는 스스로의 감정을 인식하고 조절했다. 그리고 아이의 입장과 감정을 헤아렸으며, 나를 솔직하게 표현함으로써 아이와의 불미스러웠던 상황을 재조정해냈다. 살아가면서 우리는 수많은 예기치 못한 상황들을 만난다. 그리고 그로 인한 감정을 통제하지 못한 채 모든 책임을 타인의 탓으로 돌리며 전전긍긍해한다. 상황을 개선할 수 있는 사람은 오직 자기 자신뿐인데도 말이다.

우리는 꼭 기억해야 한다. 삶의 어느 순간에도 '나'란 존재가 그 중심에 있으며, 모든 실마리는 '나를 인식하는 것'에서부터 출발한다는 사실을! 상황이야 어찌되었건 적어도 내 감정에 대한 책임은 나에게 있는 것이다. 그러므로 엄마가 먼저 자신의 감정을 알아차리고 관리해나갈 수 있는 것만으로도 아이와의 관계는 절로 풀려나갈 것이다. 아이는 감성능력이 풍부한 엄마 곁에서 진정한 감성리더의 기틀을 마련하게 될 것이다.

6. 감사한 마음으로 세상을 품어라

언젠가 멘토 코치로부터 이런 질문을 받게 되었다. "만약 누군가 당신에게 원하는 만큼의 거액을 준다면 얼마를 주면 만족스러울까요?" 터무니없는 질문이었지만 나는 "10억원 정도 주면 좋겠어요"라고 대답했다.

"지금 바로 10억원이 당신 계좌로 입금될 겁니다. 다만 한 가지 조건이 있어요." 멘토 코치는 하던 말을 멈추었다. 나의 눈을 잠시 바라본 뒤 "그 10억원과 당신 자녀를 바꾸는 일입니다"라고 말했다. 나는 화들짝 놀라며 결코 그럴 수 없다고 말했다. 그러자 멘토 코치가 반문했다.

"왜 그럴 수 없나요? 그렇다면 당신의 자녀는 당신에게 어떤 존재인가요?"

다소 황당한 질문으로 시작된 대화였지만 내가 아이의 존재에 대해 새롭게 생각해보는 강력한 순간이었다. 아이의 사춘기에 힘겨워하고 있던 나를 객관적인 사고의 공간으로 안내해준 것이다. 아이는 내게 그 무엇과도 바꿀 수 없을 만큼 소중한 존재였다. 그런데 그 아이가 내 뜻대로 안 된다고 힘들어 죽겠다 징징거리고 있는 내 모습이 보였다. 나뿐만 아니라 어떤 엄마도 10억원과 자신의 아이를 바꾸겠다는 사람은 없을 것이다. 비단 10억원이라는 금전적인 것뿐이겠는가? 이 세상 어떤 것도 아이의 가치와 견줄 수 있는 대상은 없다.

3Kg 남짓의 아기를 처음으로 품에 안았던 그 순간을 기억하는가? 가녀린 손가락과 발가락을 만지며 건강하게 태어난 아기에게

얼마나 감사했는지 나는 그 순간을 결코 잊지 못한다. 젖을 먹으면서 올려다보던 해맑은 눈웃음은 또 어떠했던가? 그 아이가 자라서 첫 걸음마를 했을 땐 또 얼마나 경이로웠는가? 몇 번이고 넘어져도 스스로 일어나도록 격려해주었던 기억이 스쳐간다. 건강하게 잘 자라준 아이는 그 자체로 축복이다. 비록 방 청소를 조금 게을리 하더라도, 성적이 엄마의 기대에 닿지 못하더라도 지금 이 순간 내 곁에 있으니 이 얼마나 감사한 일인가!

지금 내 곁에 있는 아이

2014년 4월에 대형 참사로 가라앉은 세월호가 2017년 4월, 3년여 만에 뭍으로 올라왔다. 세월호 3주기를 맞아 그 참사의 아픔을 다룬 추모 연극 〈내 아이에게〉가 무대에 올랐다. 연극은 아이를 잃은 슬픔이 길고 길어서 엄마는 아주 단순한 일상으로 돌아가는 것조차 미안해한다는 내용이었다. 엄마는 아이에게 이렇게 말을 던진다.

"이해해 주겠니? 엄마가 좀 웃어도, 내 아이야. 용서해 주겠니? 밥을 먹고 물을 마셔도, 엄마가."

세월호가 침몰될 당시 우리 큰아이가 그들 또래였기에 아이를 잃은 엄마들 마음과 같은 심정으로 참 많이도 울었다. 나는 그 사건을 계기로 사춘기의 큰아이를 다른 관점에서 바라볼 수 있었다. 만약 내 아이가 아침에 학교 간다고 나간 이후로 만질 수도 볼 수도 없게 된다면… 눈앞이 캄캄하며 정신이 아득해진다. 현재 마주하고 있는 상황들은 더 이상 중요한 것이 아니었다. 나는 아이의 책상에 앉아 보았다. 손때 묻은 컴퓨터 마우스, 침대에 걸쳐 놓은 잠옷, 책상 모퉁이에 놓여 있는 낡은 모자를 하나씩 만지작거리며 생각한다. '아이야, 태어나 주어서 감사하다. 건강하게 자라 주어서 감사하다. 내게 소리질러 주어서 감사하다. 친구들과 어울려 다녀서 감사하다. 곁에 있어 주어서 감사하다.' 아이의 모든 것이 감사하고 또 감사하다.

최고의 동기부여가로 알려진 지그 지글러^{Zig Ziglar}는 《긍정적인 아이로 키우기》에서 이렇게 말한다. "어떤 생각을 하느냐에 따라 현재의 모습이 결정되며, 그 생각을 바꿈으로써 현재의 상황과 모습역시 바꿀 수 있다. 즉 생각하는 방식에 따라 행동방식이 결정된다는 것이다."

나에게 있는 것을 생각하면 행복하고 감사한 마음이 깊어진다. 그러나 나에게 없는 것을 생각하면 불행한 생각이 들고, 불만도 생기게 된다. 큰 불행을 겪고 나서야 현재 내가 가지고 있는 조건들이 주는 행복을 깨닫는다면 그 땐 너무 늦다. 감사의 마음으로 코치력의 첫발을 디뎌라. 아이는 우리가 생각하는 것보다 잘하고 있는 것이 너무나 많다.

감사하는 마음은 세상을 품는다

요즘 나는 고등학교 2학년인 작은아이를 학교에 등교시키는 일로 아침을 시작한다. 작년 이맘때쯤 아이가 내게 물었다. "엄마, 매일 저를 태워주는 것이 힘들지 않아요?" 아이에게 그런 생각을 하게 된 계기가 무엇인지 물어보았더니 "엄마가 걱정되어서요"라고 했다.

아이의 말에 나는 내심 놀랐다. "엄마가 걱정되었구나. 엄마는 너와 함께하는 시간이 정말 감사하고 행복해! 왜냐하면 엄마가 아프지 않고 아침에 너를 태워줄 수 있어서 감사하단다. 또 네 등교시간에 맞추어 아침을 더 일찍 시작할 수 있으니 엄마는 오히려 네게 감사한 걸. 이렇게 엄마를 걱정해주다니 네가 너무나 대견하구나!" 나는 아이의 눈을 들여다보며 따뜻하게 말해주었다. 네가 있어 너무나 감사하다고.

엄마가 걱정된다는 아이의 말은 엄마가 진정 자기편인지를 확인해보고 싶은 마음이었는지도 모르겠다. '엄마는 힘들지 않아'란 말을 듣고 싶었을까? 나는 힘들지 않음은 물론이고 오히려 아침 미션이라고 여기고 있었던 덕분에 아이에게 온전히 내 마음을 전할 수 있었다. 사춘기 아이들은 엄마의 작은 입김과 표정에도 마음이 흔들린다. 아이는 엄마가 자신을 사랑한다는 확신이 들 때 비로소 심리적인 힘을 가지고 매순간 세상을 향해 전진하게 되는 것이다.

10년 동안 하루도 빼놓지 않고 감사일기를 써왔다는 오프라 윈프리Oprah Winfrey의 말에 나는 큰 감명을 받은 바 있다. 그녀는《내가 확실히 아는 것들》에서 "내가 확실히 아는 것이 있다면, 만약 당신이 당신 앞에 나타나는 모든 것을 감사히 여긴다면 당신의 세계가 완전히 변할 것이라는 점이다. 가지지 못한 것 대신 내가 이미 가지고 있는 것들에 초점을 맞춘다면 당신은 자신을 위해 더 좋은 에너지를 내뿜고 만들어낼 수 있다. 확신하건대 매일 짧게나마 짬을 내어 감사한다면 감탄할 만한 결과를 맛보게 될 것이다"라고 말했다.

내 앞에 있는 많은 것 중에 참으로 소중한 것 하나는 내 아이이다. 내 아이가 어떤 것을 꼭 잘해서가 아니라 그저 내 아이이기 때문에 감사하다. 매일매일 아이를 존재 그 자체로서 바라보며 감사함의 에너지를 채워라. 그 에너지는 고스란히 아이들에게 전해진다.

사실 밀려오는 하루의 일상 속에 파묻혀서 감사함 따위는 생각해볼 여력조차 없다. 제 멋대로 행동하는 아이의 모습을 보면 감사한 마음은커녕 짜증만 올라온다. 스마트폰을 손에서 놓지 않는 아이의 모습은 애써 바꿔먹었던 엄마의 마음을 흔들어놓기에 충분하다. 엄마가 설정해 놓은 기준에 제발 아이가 맞추어주면 좋겠지만 아이는 아랑곳없다.

하지만 이렇게 마음이 답답해지고 덜 감사할 때가 바로 감사한 마음이 가장 필요한 때다. 감사한 마음은 처한 상황을 객관적으로 멀리서 바라볼 수 있게 하기 때문이다. 뿐만 아니라 어떤 어려운 상황도 바꿀 수 있다. 소소하고 작은 것들부터 감사하는 마음으로 바라보기 시작하면 점점 감사해야 할 일들이 많아진다는 사실도 알게될 것이다. 감사함의 공간에서 자신을 살게 하라. 감사한 마음은 모든 것을 변화시키고 가능하게 한다. 지금 이 순간 "감사해!"라고 말하자. 나에게, 아이에게, 주변 모든 것에.

7. 질리도록 고백하라

자기계발 분야의 구루인 브라이언 트레이시[Brian Tracy]는 '사랑이라는 단어는 행동동사다'라고 하며 표현하는 것의 중요성을 강조했다. 사랑이 말과 행동으로 표현될 때 그 위대한 힘이 제대로 발휘된다는 말이다. 또 그리스어로 '프락시스'라는 말이 있는데, 그것은 '어떤 감정에 수반되는 행동을 계속 실천해나가는 것이 그 감정을 더욱 만들어낸다'라는 의미를 가지고 있다. 마음에 있는 감정을 자주 표현하면 할수록 그 감정에 일치되는 느낌과 상황이 더 많이 만들어진다는 것이다.

아이들에게 얼마나 자주 엄마의 따뜻한 마음을 표현하고 있는가? 혹시 삶의 많은 순간에 '당연히'라는 마음과 늘 함께하고 있지는 않은가? '당연히 알겠지' '당연한 거 아니야'라는 우리의 생각은 사랑을 마음 깊은 곳에 가두어 놓게 한다. 아이들의 미소가 당연하게 느껴지고, 아이들의 건강한 모습이 당연하게 생각되고, 함께하는 순간이 당연하다고 느껴질 때 우리의 따뜻한 감성은 마음 밑바닥으로 가라앉아 버린다. 당연하다는 생각에 빠진 채 사랑의 표현과 행동을 줄이게 된다면 그만큼 사랑의 마음은 줄어들고 갈등이 난무하게 될 것이다.

당연하다는 마음의 껍질을 벗겨내고 아이들의 존재를 있는 그대로 바라보라. 내면에서 자연스럽게 우러나오는 뭉클한 마음 하나가 있을 것이다. 그것이 바로 엄마의 향기다. 따뜻한 엄마의 향기가 늘 아이 곁을 맴돌게 하라. 엄마의 마음 깊숙이에 있는 지극한 사랑의 향기가 아이의 마음밭에 머물게 하라. 표현하라! 미루지 말고, 제대로, 그때 그때.

하루도 빠짐없이 사랑한다고 고백하기

나는 사랑한다고 말하는 것을 "고백한다"라고 표현한다. 국어사전에서 '고백하다'를 찾아보면 '마음속에 생각하고 있는 것이나 감추어둔 것을 사실대로 숨김없이 말하다'라고 되어 있다. 그래서 나는 매일 아이에게 사랑을 고백한다. 내 마음 깊숙이에 사랑하는 마음이 있으니까 아낌없이 숨김없이 표현하는 것이다. 아이가 별 반응을 하지 않더라도 개의치 않는다. 아이의 마음을 확인하는 것이 아니라 그저 내 마음을 표현하는 것이기 때문이다.

어떤 사람은 "꼭 말을 해야 사랑한다는 걸 알아?"라고 되물을지도 모른다. 그런데 꼭 말로 표현해야 한다. 사랑한다고 말해야 그래야 안다. 사랑에 빠진 연인들이 매일매일 사랑한다고 말하며 자신의 마음을 표현하듯이 아이들에게도 꼭 알려주어야 한다. 특히 사춘기 아이들은 사랑한다는 말을 하지 않으면 엄마의 사랑에 깊은 신뢰를 갖지 못할 수도 있다. 아이는 스스로에 대한 믿음도 흔들리는 시기이기 때문이다. 매일매일 아이에게 하는 사랑한다는 고백의 말은 아이의 마음계좌에 차곡차곡 쌓여서 정서적 안정감을 높여줄 것이다. 아이가 어떤 일을 하든, 아이에게 어떤 일이 생기든 엄마가 전하는 순도 100%의 사랑고백은 아이의 내면을 강하게 만들고, 자신감 있게 만들어준다. 아이의 눈을 바라보며 몇 번이고 사랑한다고 고백하자. 그럴수록 더 사랑스럽고 귀한 아이를 만나게 될 것이다.

안아주고 또 안아주기

안아주는 것은 사랑하는 마음을 전하는 아주 푸근한 방법이다. 미국의 저명한 가족치료사인 버지니아 사티르^{Virginia Satir}는 아이에게는 생존을 위해 하루에 네 번의 안아줌이 필요하고, 건강하게 살기 위해 하루에 여덟 번, 올바르게 성장하기 위해 하루에 열두 번의 포옹이 필요하다고 말한다. 실제로 안아줄 때는 몸에서 신경전달물질인 옥시토신이 방출된다고 한다. 옥시토신은 사람 간의 신뢰감을 형성하는데 중요한 역할을 하는데, 최소 6~20초 정도면 옥시토신이 최대로 방출된다고 한다. 깊은 마음을 가지고 아이를 안아주라. 마음속으로 6초를 헤아리면서 아무 말 없이 아이의 심장 뛰는 소리를 느껴보라. 그 짧은 고요함 속에서 들려오는 아이의 심장소리는 마음을 뭉클하게 한다. 그 어떤 말보다도 강력하게 마음을 연결해줄 것이다.

그동안 안아줌이 뜸한 상태였다면 사춘기 아이를 안아줌을 시작하기란 그렇게 만만치는 않을 것이다. 시크한 모습의 사춘기 아이는 엄마의 마음을 아는지 모르는지 팔짱 한 번 끼기도 쉽지 않다. 키도 자라고 덩치도 커져서 품안에 쏙 들어오지도 않는다. 그러다 보니 사춘기 아이를 안아주는 것이 여간 쑥스러운 게 아니다. 그렇지만 처음에는 어색하더라도 한두 번 시도해보면 그 느낌에 빠져들 것이다. 등하교할 때나 잠들기 전에, 잠에서 깨어날 때 등 언제든 마음을 담아 아이를 꼭 안아주자. 성장하는 아이들에게는 아무리 많이 안아주어도 지나치지 않다. 아이의 반응이 어떠하든 지속해서 안아줌을 실천하라. 어느 날 당신이 안아준 이상으로 아이가 당신을 푸근히 안아줄 것이다.

고맙다고 고백하기

누군가 자신에게 고마운 마음을 전해줄 때 어떤 기분이 드는가? 자신이 가치 있게 느껴지고 자부심도 올라간다. 고맙다는 말은 사랑한다는 말에 버금가는 놀라운 힘을 가지고 있다. "고마워!"라는 작은 말 한마디가 다른 사람의 존재가치를 높여주고 어깨를 으쓱하게 해준다.

아이에게 얼마나 자주 고맙다는 말을 하는가? 아이가 건강하게 자라는 것은 참 고마운 일이다. 때때로 아이가 나를 향해 활짝 웃어주면 나는 참 행복해진다. 반찬 투정하지 않고 밥 한 그릇을 뚝딱 비우는 것도 고맙고, 빈 그릇을 설거지통에 담는 모습 역시 기특하고 고맙다. 사소하고 작은 일이라도 아이가 무엇인가를 할 때마다 "고맙다"는 말을 해주자. 점점 더 많이 고맙다는 말을 해야 할지도 모른다. 지천에 온통 고마운 일투성이이기 때문이다. '당연한 거잖아'라는 예사로운 마음은 아이의 작은 행동을 발견하지 못하게 한다. 따뜻한 관심과 세심한 관찰 속에서 끊임없이 고마운 마음이 생겨나기 때문이다.

고맙다는 말은 어떤 행동을 더욱 반복해서 잘하려고 하는 노력을 불러일으킨다. 이러한 마음은 아이뿐 아니라 어른이 된 나에게도 해당된다. 누군가 고맙다는 말을 해주면 나는 그 일을 또 해주고 싶어지는 유혹에 빠지곤 한다. 진심이 담긴 고맙다는 말에는 마법 같은 힘이 담겨 있는 것이다.

가끔은 쪽지를 적어 표현하는 방법도 좋다. 아무리 짧더라도 글로 표현된 고마움은 또 다른 감동을 일으킨다. 아이의 컴퓨터 앞에 붙여놓은 포스트잇, 아이 지갑 속에 끼워둔 작은 메모지, 아이의 필통 속에 넣어둔 조그마한 종이쪽지들 속에 적힌 고맙다는 말 한마디는 눈에 보이지 않는 거대한 영향력을 만들어갈 것이다.

스스로 사랑한다고 고백하기

자신에게 없는 것은 다른 사람에게도 줄 수 없는 법이다. 다른 사람에게 사랑을 주는 것은 자기 사랑을 통해서만 가능하다. 스스로를 소중하며 아름답다고 느낄 수 있어야 다른 사람의 가치를 기꺼이 인정해줄 힘을 가질 수 있는 것이다. 그러므로 엄마가 스스로를 부정적으로 바라보고 있다면 아이에게 줄 수 있는 사랑도 별로 없다. 자신을 끔찍이 사랑하고 존중하라. 스스로를 좋아하지도 않는데 다른 사람이나 아이가 자신을 좋아하거나 존중하겠는가!

나의 가장 친한 친구는 나 자신이다. 스스로에게 자부심을 부여하고, 아끼고 사랑하라. 스스로를 사랑하게 되면 스스로 더 좋은 사람이 되고자 노력하게 된다. 결코 자신을 불신하거나 불평하며 에너지를 낭비하지 않는다. 우리는 때때로, 아니 너무나 자주 주변 사람들에게 자신의 부족한 부분들을 말하며 불만을 털어놓는다. 그때 주변 사람들이 해줄 수 있는 것은 그렇지 않다고 위로를 해주는 게 고작이다. 그 위로가 정말 우리에게 필요한 것일까. 불평하는 나를 사랑해줄 사람은 어디에도 없다. 그럴 시간에 묵묵히 자기 스스로를 인정하고 소중히 여기는 것이 훨씬 현명한 일이다.

"나는 내가 참 좋다.", "나는 나를 참 사랑한다"라고 매일 스스로에게 고백하자. 아침에 눈을 뜨면 제일 먼저 나와의 대화를 시작하자. "오늘은 나에게 멋진 일이 일어날 거야.", "오늘 아침은 충분히 기분이 좋은 걸" 하면서 나를 격려하자. 스스로를 온전히 믿고 매일 그렇게 자신에게 고백하면 자신이 더욱 사랑스러워지고 자신감과 용기가 솟아남을 경험하게 될 것이다.

가끔 아이의 존재가 강렬하게 느껴질 때 지금은 바쁘니까 나중에 하겠다고 미루지 말자. 너무 바쁜 그 때가 가장 해야 할 때이다. 매일매일 질리도록 엄마의 마음을 고백하자. 나 자신에게도 질리도록 사랑한다고 고백하자. 아이에게 아무리 많은 사랑을 베푼다 해도, 나 자신을 아무리 많이 사랑한다고 해도 사랑은 결코 지나치거나 고갈되지 않는다.

8. 최소한 3주를 지속하라

7일씩 3번 지속하기

3주를 날짜로 환산하면 21일이다. 한 달이 채 되지 않는 날이지만, 7일을 3번 거듭한다는 것에 더 중요한 의미가 있다. 초이레, 두 이레, 세 이레로 거듭되는 동안 중요한 변화를 맞이하고, 다음 단계로 나아갈 수 있는 기점이 되는 것이다. 21일의 시도가 얼마나 중요한 의미를 가지고 있는지 정연식의 《꿈을 이루어주는 세 개의 열쇠》에서는 흥미로운 내용을 알려준다.

"하나의 행동을 습관으로 만드는 데는 21일이 걸린다. 21일은 작심삼일의 일곱 번 연속이다. 숫자 7에는 완전의 의미, 즉 작심삼일을 완전히 이겨냈다는 의미가 있다. NLP(신경언어프로그래밍)에서는 어떤 행동을 습관으로 만드는데 필요한 최소한의 기간을 21일로 보고 있다. 21일과 관련된 의미 있는 이야기들은 또 있다. 달걀이 병아리로 탈바꿈하는 데는 21일이 걸린다. 완전한 생명의 탄생 준비 기간이 21일인 셈이다. 또 모든 병뚜껑의 주름은 21개인 크라운 모양을 하고 있다. 그래서 피라미드의 원리에 따라 가장 견고한 밀봉 상태가 된다. 새로 태어난 아이도 세 번의 이레, 즉 21일, '삼칠일'이 지나야 면역체계가 생성되어 외출할 수 있다."

이처럼 작고도 쉬운 일 한 가지를 정해서 7일씩 3번을 해나가는 동안 작은 습관 하나가 형성된다. 그리고 실행하는 동안 새로운 성취의 경험도 하게 된다. 물론 21일간 실행했다고 해서 완벽하게 습관이 자리 잡는 것은 아니다. 최소한 3주의 기간 동안 실행했다는 성취의 경험을 쌓아가는 것이 중요하다. 작은 성취가 모여 자신감이 쌓이고, 그 경험들이 더 큰 목표에 도전하게 한다.

만약 무엇인가를 실행하겠다고 마음먹었다면 그것이 매일매일 할 수 있는 쉽고 작은 행동인지부터 살펴보자. 의욕이 넘쳐나서 무리한 것을 선택하게 되면 금방 포기하게 될 수도 있다. 한 계단의 폭이 너무 크면 처음 몇 계단 정도는 오를 수 있겠지만 지속해서 그다음 계단을 오르는 일에는 무리가 따를 수 있다. 실행을 한다는 것은 그것을 얼마나 즐기며 오랫동안 해나가는가에 의미가 있다. 지속된 행동은 곧 습관을 형성하게 하고, 성취감을 맛보게 하기 때문이다.

한 계단의 폭을 다시 3등분을 하라. 사소하고 작은 것이라도 일단 실행해보는 것이다. 아침에 일어나 기지개를 켜듯 의식하지 않고도 행동할 수 있는 습관을 만드는 것이 중요하다. 그렇게 3등분된 작고 쉬운 일 한 가지를 정해서 21일간, 즉 7일씩 3번을 해나가는 것이다.

날마다 작은 성취를 경험하라

나는 아이와 좋은 관계를 이루어가기 위해서 매일 쉽게 할 수 있는 행동을 생각나는 대로 적어보았다. 적고 나서 보니 의외로 행동으로 옮겨보고 싶은 일들이 많았다. 그 중 내가 주도적으로 할 수 있는 가장 쉬운 행동 하나를 선택했다. 그것은 아이를 안아주는 일이었다. 아침에 일어나면 가장 먼저 아이 방에 가서 잠들어 있는 아이를 안아주는 것부터 시작했다. 아이가 자고 있으니 어색하지도 않고, 안아주면서 아이의 잠을 깨울 수도 있었다. 아침에 몇 분 정도 일찍 일어나면 되니까 시간 제약도 없었다. 딱 7일을 기준으로 3번을 꾸준히 지속하기로 마음먹었다. 안아줌을 실천하는 동안 나는 아이에 대한 마음이 점점 더 깊어지는 프락시스를 경험했다. 고요히 잠들어 있는 아이 얼굴을 보며 잠시 마음이 뭉클해지기도 했다. 날이 거듭될수록 아이를 안아주면서 자연스럽게 "사랑해!"라는 귓속말도 할 수 있었다. 딱 21일간만 해보자고 가벼운 마음으로 시작했으나, 이제 안아줌의 시간은 아이에 대한 감사와 애틋함을 쌓아가는 매우 귀한 시간으로 자리매김했다. 그리고 아이가 내게 많은 행복을 주고 있음을 깨닫게 되었다.

나는 지금도 두 아들을 안아주면서 아침을 시작한다. 등교할 때는 물론 귀가할 때도, 심지어 교복을 갈아입을 때에도 안아주니 내게 있어 아이를 안아주는 일은 일상이 되었다. 확실히 마음의 에너지는 전해지는가 보다. 요즘 내가 퇴근하고 현관문을 열면 아이가 먼저 다가와 나를 꼭 안아주기도 한다. 지속된 행동 하나가 작은 성취를 경험하게 하고, 그 성취는 다음 행동을 일으키는 동력이 된다는 것을 깊이 체험하게 된 것이다.

영성심리학자 론 스콜라스티코의 말이다. "당신이 매일 아주 커다란 나무를 찾아가서 아주 날카로운 도끼로 다섯 번씩 내리친다면 그것이 얼마나 큰 나무든지 상관없이 그 나무는 결국 쓰러지게 될 것입니다." 이 말은 자신이 이루고 싶은 작은 일을 정하여 매일 하게 되면 커다란 목표를 달성할 수 있다는, 단순하지만 강력한 메시지가 담겨 있는 말이다. 나는 어떤 일이 힘들어지거나 싫어질 때 이 말을 떠올리곤 한다. 날마다 작은 성취들이 모여 어느 날 생각지도 못한 큰 성취가 눈앞에 나타날 것임을 나는 믿는다.

엄마! 그냥 원래 하던 대로 해요

막상 시작은 했으나 순탄하게 실천하지 못한 일도 있었다. 나는 코칭을 공부하면서 "바로 이거야!" 하고 실생활에 적용할 수 있을 것 같은 이론들을 아이에게 시도해보려고 했다. 그땐 의욕이 넘쳐서 기회만 되면 아이에게 이렇게 질문하곤 했다.

"앞으로 이루고 싶은 일은 무엇이니?", "어떤 과목을 좀 더 잘하고 싶니?", "그건 무슨 의미이니?" 하는 질문들이 연거푸 반복되니 아이는 정색을 했다. "엄마, 또 교육받고 왔어요? 그냥 원래 엄마가 하던 대로 해요.", "갑자기 안 하던 말을 하고 그래요?"라며 어린 아들로부터 면박을 당하기 일쑤였다.

이때 정말 우스운 건 나의 태도였다. 아이의 면박에 "넌 어떤 과목을 잘하고 싶은지도 말하지 못하니?"라며 평소의 내 언어 습관이 그대로 올라오는 것이었다. 긴 세월 동안 내가 아이에게 보여주었던 말과 태도가 있었다. 그런데 갑작스럽게 새로운 언어와 태도를 보이는 엄마를 아이가 아무 저항 없이 받아들일 거라고 생각한 내가 참 욕심이 많았던 거다.

또 다른 이유도 있다. 나와 아이의 마음이 충분히 연결되어 있지 않았던 것이다. 사춘기가 시작되면서 아이와의 관계가 많이 서먹해져 있었던 탓이다. 관계회복을 위한 노력은 하지 않고 단순히 대화 기술 하나 배워서 적용하려 했던 나의 조급한 마음도 있었던 것 같다.

원하는 것을 이루기 위해서는 일단 작은 행동 한 가지를 실천해 나가는 것이 무엇보다 중요하다. 닛산자동차의 카를로스 곤Carlos Ghosn 최고경영자는 5%의 계획과 95%의 실천력이라고 말한 바 있다. 작은 실천 한 가지를 정해서 꾸준히 하다 보면 다음 단계로 나아갈 수 있는 새로운 동력을 만나게 되고, 그로 인해 더 원대한 꿈을 이루어낼 수 있는 것이다.

아무리 좋은 계획과 꿈을 가지고 있어도 첫 한 발자국을 떼지 않으면 아무것도 이룰 수 없다. 7일씩 3번을 꼭 기억하라. 꾸준히 작은 습관을 만들어가라. 꾸준함이 재능을 이긴다는 말처럼 그 작은 습관들이 모여서 탄탄한 코치력을 갖춘 코치엄마가 되어 있을 것이다.

미소 중의 미소 '뒤센 미소'

Q. 당신은 아이를 향해 얼마나 자주 활짝 웃어주나요?
Q. 아이가 당신을 향해 활짝 뒤센 미소를 지어주면 어떤 마음이 드나요?

뒤센 미소

'뒤센 미소'는 기욤 뒤센Guillaume Duchenne이라는 프랑스 심리학자의 이름을 따서 만들어졌는데, 눈가와 입 주변에 주름이 잡힐 정도로 웃는 진실된 미소를 말한다. 입가의 근육은 일부러라도 움직일 수 있지만, 눈가의 근육은 인위적으로 움직일 수 없다고 한다. 그러므로 활짝 웃는 뒤센 미소에 가식이란 있을 수 없다. 마음 깊은 곳에서부터 우러나오는 뒤센 미소는 아이와 나를 연결해주는 최고의 매력적인 몸짓이며, 긍정적이고 신뢰의 마음을 심어준다.

최근 아이에게 활짝 미소를 지어 보내준 적은 언제인지 생각해보자. 아이 또는 배우자가 당신에게 활짝 뒤센 미소를 보내준다면 당신의 마음이 어떨지 상상해보라.

미소가 먼저여서 행복감이 느껴지든, 행복한 마음에 미소를 짓게 되든 그것은 중요한 것이 아니다. 미소와 행복감은 늘 함께 연결되어 영향을 주고 있다. 이왕이면 활짝 웃는 뒤센 미소가 전하는 에너지는 매우 강력하다는 것을 기억하도록 하자.

Practice 1) 뒤센 미소에 대해 알아보자

* 뒤센 미소는 1) 입꼬리가 양쪽 위로 올라간다.
  2) 두 눈이 약간 안쪽으로 모아진다.
  3) 양 눈가에 주름이 진다.
  4) 양쪽 뺨이 위로 올라간다.

뒤센 미소

Practice 2) 뒤센 미소 지어보기

• 행복한 일을 떠올리며 한껏 미소 짓고, 그 모습을 셀카로 찍어 자신의 뒤센 미소를 찾아보자.

• 거울을 보며 연필을 입에 물고 뒤센 미소를 지어보자. 그리고 연필을 살짝 빼고서 자신의 웃는 모습을 보자. 이제 현관문을 열고 들어오는 아이를 향해 뒤센 미소를 지어보자.

코치력을 향상시키는
마스터 파워

1. 코치력의 꽃, 코칭 대화

넌 어떻게 생각하니?

코칭은 아이에게 '이렇게 하면 돼'라고 답을 주는 것이 아니라 아이가 스스로 생각해 실천하도록 돕는 파트너십 과정이다. 쉽게 말해 '코칭=스스로 생각하도록 돕는 것'이라고 할 수 있다. 거창하게 코칭 대화를 하지 않는다 하더라도 쉽게 아이에게 스스로 생각할 수 있도록 하는 대화방법이 있다. 아이에게 던지는 말끝머리에 "넌 어떻게 생각하니?"라는 질문 한마디만 덧붙여도 코칭의 효과는 발휘된다. 단지 아이의 생각을 물어본 것만으로도 아이의 뇌는 생각하는 모드로 바뀌는 것이다. "네 생각은 어때?"라는 질문은 엄마로부터 인정과 존중의 마음이 전달되므로 아이의 마음이 더욱 열리는 것이다.

말끝머리 효과가 궁금하다면 엄마 스스로 이 말을 덧붙여 들었을 때와 아닐 때를 실험해보라. 어떤 기분이 드는지 금방 알 수 있을 것이다. "넌 어떻게 생각하니?"라는 말로 아이의 생각을 열어줄 수 있다면, 이제 좀 더 적극적으로 아이의 생각을 자극시키는 코칭 대화를 살펴보도록 하자. 가령 아이가 친구와 좀 더 잘 지내고 싶다는 고민을 말했다고 했을 때 코치력을 가진 엄마는 아래와 같이 아이 스스로 생각해볼 수 있는 질문과 경청으로 코칭 대화를 해나갈 수 있다.

아이: "엄마, 나 친구들과 좀 더 잘 지내고 싶어요."

엄마: "그런 생각을 하게 된 어떤 계기가 있었니?"

"네가 친구와 잘 지낸다는 것은 어떤 모습이니?"

"친구와 잘 지내게 되면 어떤 부분이 더 좋아질까?"

"친구와 잘 지내고 싶은데 어떤 힘든 점이 있니?"

"가장 친하게 지내고 싶은 친구가 있다면 누구니? 그 친구 의 어떤 점이 좋으니?"

"친구는 너의 어떤 점을 좋아하니? 너의 어떤 장점이 그렇 게 하도록 한 걸까?"

"친구와 잘 지내기 위해서 네가 노력해볼 수 있는 것은 어 떤 거니?"

"엄마가 무엇을 도와주면 좋겠니?"

이때 엄마는 조언하고 답을 주기 전에 아이 스스로 충분히 생각해볼 수 있도록 질문하고, 아이의 말을 깊이 듣는다. 아이가 특별한 답을 하지 않아도 괜찮다. 이미 아이는 엄마가 던진 질문에 따라 생각이 열리고, 새로운 아이디어를 연결해내고 있을 것이다.

엄마는 세상에서 가장 훌륭한 코치다

코칭은 "모든 사람은 스스로 답을 창조할 수 있다"라는 코칭 철학을 기본바탕으로 한다. 사람마다 조금씩 차이는 있겠지만 이 세상에 능력이 제로(0)인 사람은 없다. 코칭을 통하여 우리는 자신의 숨은 능력을 이끌어내고, 그 능력을 키워나갈 수 있다.

코칭은 사람에게 강력한 동기를 부여하고 저마다 가지고 있는 재능을 이끌어낼 수 있도록 돕는 강력한 시스템이다. 이 시스템을 적극적으로 운영하는 사람을 코치라고 하는데, 코치는 아이의 말을 깊이 경청하며 지지하고 격려함으로써 아이 스스로 목표를 이루어 삶의 챔피언이 되도록 돕는 파트너 역할을 한다. 코치는 모든 사람이 창조적이고 풍부한 재능을 가지고 있다고 믿기 때문에 아이 스스로 전략과 해결책을 찾을 수 있도록 끊임없이 응원과 지지를 보낸다.

여기서 코치가 코칭 철학을 얼마나 깊이 인식하고 실천하는가는 매우 중요하다. 코칭에서는 코치가 파트너로서 보내는 지속적인 응원과 격려의 힘이 절대적으로 필요하며, 이는 코칭의 성과에 결정적인 영향을 미친다. 닛산자동차의 카를로스 곤 최고경영자^{CEO}는 평소 "나는 CEO가 아니라 코치다"라고 강조하며 코칭 철학을 강력하게 실천했다. 그는 CEO이기 이전에 코칭 파트너로서 직원과 함께했다. 2000년 자동차업계가 세계적인 불황에 빠졌을 때 그는 닛산자동차를 1년이라는 짧은 기간에 혁신하여 흑자기업으로 돌려놓아 세계를 깜짝 놀라게 했다. 그는 중견간부 600명을 골라 3개월간 1대1 코칭을 실시하는 등 직원들의 잠재 능력을 끌어내는데 탁월한 코칭 리더십을 발휘했던 것이다.

그렇다면 코칭의 어떤 강점들이 이러한 결과를 만들어내게 하는가? 그것에 대해 이토 아키라^{伊藤彰}는 《코칭 대화기술》에서 코칭이 효과적인 이유를 심리학적인 관점에서 알려준다. 첫째, 코칭은 자기 스스로를 설득한다는 점이다. 스스로 생각해낸 것이므로 의욕이 더욱 올라갈 수 있다는 것이다. 둘째, 코칭은 다른 사람의 강제가 아니라 자신의 의지로 결정하게 되므로 훨씬 자발적으로 행동한다

사람은
1. 스스로
2. 답을
3. 창조할 수 있다!

모든 사람은 창의적이고 스스로 해결할 수 있는 충분한 자원을 가지고 있으며 온전한 존재라고 믿는다.   - ICF의 코칭 철학

는 것이다. 셋째, 실행을 하겠다는 것을 공식적인 약속과 선언을 함으로써 코치와 함께 파트너십을 이루어갈 수 있다는 점이다.

이렇듯 코칭은 모든 사람이 창조적이며 스스로 풍부한 자원을 소유하고 있다는 강한 믿음을 갖고 스스로 문제를 해결하도록 동기부여하고, 자신만의 잠재력과 탁월성을 꽃피우게 한다. 그렇다면 이 세상에서 자신의 아이에게 온전한 믿음과 지속적인 응원과 격려를 실천할 수 있는 사람은 누구인가? 바로 엄마! 당신이다. 당신은 가정에서 코칭 철학을 실천하고 코칭 시스템을 가장 잘 실현할 수 있는 사람이다. 엄마는 이 세상에서 가장 훌륭한 코치다.

코칭 대화는 보통의 대화와 어떻게 다른가?

나는 주변 사람들로부터 "코칭은 구체적으로 무엇을 하는 건가요?"라는 질문을 받곤 한다. 이때 나의 대답은 간단하다. "코칭은 코칭 대화를 하는 것입니다." 그렇다면 '코칭 대화'란 무엇인가? 코치마다 여러 가지 정의를 가지고 있겠지만 나는 '사람들이 스스로 자신의 잠재력을 깨닫고 성장할 수 있도록 돕는 일련의 대화'라고 정의한다. 보통의 대화와 다른, 코칭 대화의 많은 특징들 중에서 주요한 몇 가지를 살펴보도록 한다.

- 코칭 대화는 아이가 대화에 깊이 몰입하도록 도와주고 의욕을 북돋워준다. 그 이유는 대화 시에 아이의 이야기에 대해 질문과 경청을 기본으로 하기 때문이다. 즉 아이와 엄마의 말하는

비율이 7:3 정도가 되도록 아이가 더 많은 말을 할 수 있도록 돕는다.

- 코칭 대화는 "그래서 어떻게 되었니?", "어떻게 그런 것을 생각하게 되었니?", "너라면 어떻게 해보겠니?"라고 말하면서 아이를 이야기 속으로 끌어들인다.

- 코칭 대화에서는 충분히 시간을 가지고 아이가 말하기를 기다려주며 재촉하지 않는다. 종종 아이가 생각하느라 말을 하지 않고 있을 경우가 있는데, 그 때 이렇게 말해준다. "기다릴 테니 생각이 정리되면 말해줘.", "천천히 생각해봐."

- 코칭 대화는 "와, 그것 참 흥미로운 얘기네!", "참 좋은 아이디어구나!", "조금만 더 말해주겠니?"라고 하면서 아이의 에너지를 올려준다.

- 코칭 대화에서는 되도록이면 답을 주지 않는다. "~하는 것은 어떠니?", "~하는 것이 네게 도움이 될 것 같은데 어때?"라고 말하며 아이가 생각할 수 있는 발판을 마련해준다.

- 코칭 대화에서는 '너'라는 주어 대신에 '우리'라는 주어를 사용한다. "앞으로 어떻게 할 생각이야?"라고 말하는 대신에 "함께 목표를 만들어 가보자.", "함께 좋은 아이디어를 생각해볼까?"라고 말하면서 파트너로서 함께 있음을 알려준다.

- 코칭 대화에서는 아이의 약점보다 강점에 집중한다. 아이가 강점을 찾아 발전시켜 나갈 수 있도록 대화를 이끌어간다.

- 코칭 대화는 지나간 과거에 대한 일들을 언급하지 않는다. 현재와 미래에 초점을 맞추고 지금부터 할 수 있는 것이 무엇인지에 대해 이야기 나눈다.

코칭 대화가 잘 이루어지면 아이는 이야기하는 도중에 생기가 돌고 열정적인 모습을 보이게 된다. 엄마가 능숙하게 코칭 대화를 할 수 있다는 것은 아이와의 관계에서 최강무기를 가지게 된 것과 같다. 엄마의 질문 능력과 경청에 따라 아이의 마음이 열리는 정도와 에너지가 달라지기 때문이다. 코칭 대화의 기술을 하나씩 습득하고 지속적으로 훈련해 나간다면 누구나 능숙하게 코칭 대화를 할 수 있을 것이라 믿는다. 이제 코칭으로 코치력의 꽃을 피울 일만 남았다. 아이의 마음속에 고요히 가라앉아 있는 생각을 불러일으키고, 새로운 자원들을 연결해내는 멋진 코치엄마가 되자.

2. 마음을 닫게 하는 대화 VS. 마음을 열게 하는 대화

얼마 전, 지인과 차 한 잔을 하는 시간을 가졌는데 서로의 근황을 묻다가 내가 책을 쓰고 있고, 그것이 생각보다 쉽지 않다는 말을 하게 되었다. 그는 자신이 잘 아는 교수님이 리더십 분야에서 상당히 인정받고 있는데다 몇 권의 책까지 냈다고 말했다. 책쓰기의 어려움을 공감하면서도 그 교수님 정도는 되어야 책을 쓸 수 있지, 아무나 책을 쓸 수 있다면 얼마나 좋겠느냐는 뉘앙스였다. 그러면서 그 교수님을 소개해줄 테니 도움을 요청해보라고 했다.

나는 헤어지고 돌아오는 동안 내내 소소한 감정에 휩싸였다. 나를 돕고자 하는 그의 좋은 의도는 헤아려지지만 기운이 빠지는 것은 어쩔 수가 없었다. 그가 딱히 틀린 말을 한 것도 아니지만 대화가 빨리 끝나기만을 바랐던 것은 내가 너무 속이 좁아서였을까? 나는 그저 내 근황을 한마디 얘기한 것뿐인데, 그가 한참 앞서나가서 내가 원하지도 않은 조언과 도움을 주려 했으며, 자신의 기준을 잣대 삼아 해내기 어려울 것이라는 말로 나를 불안하게 했다. 그는 듣는 사람을 무능력하게 만들어버리고 의욕을 상실하게 하는 대화를 한 것이다. 결국 아무런 성과도 없이 내 마음만 굳게 닫혀졌을 뿐이다.

사춘기 아이와의 대화는 어떨까? 어떤 대화를 하느냐에 따라 아이의 마음을 닫게 할 수도, 마음을 열게 할 수도 있다. 엄마는 그동안 살면서 많은 실패와 성공으로 얻게 된 삶의 훈장들을 가지고 아이를 훈계하고 가르치려 한다. 자신이 넘어진 곳에서 내 아이는 넘어지지 않았으면 하는 엄마의 안타까운 심정이 아이의 마음을 닫게 한다. 어떤 엄마도 아이의 마음을 닫게 하는 대화를 하고 싶지는 않을 것이다. 그런데도 엄마는 아이가 하는 말의 드러난 내용만 듣고 쉽게 판단을 해버리는 경우가 많다. 결국 아이의 진짜 속마음을 알지 못한 채 대화는 불편한 마음으로 끝나버리곤 하는 것이다.

지금부터 마음을 닫게 하는 대화와 마음을 여는 대화는 어떻게 다른지 경험해보도록 하자.

마음을 닫게 하는 대화(예)

"얘야, 무슨 일 있니? 표정이 안 좋아 보이는데?"

"엄마, 이번에 시험을 잘 못봤어요. 수학 성적이 안 좋아요."

"그러게 수학 공부 좀 하라고 하지 않았니?"

"네, 그런데 수학이 너무 어려워요."

"그동안 어떤 방법으로 공부해왔니?"

"수업시간에 열심히 듣고 문제집도 풀고 그랬죠."

"그래도 잘 안 되지? 또 다르게 노력했던 것은 어떤 것이 있니?"

"잘하는 친구에게 물어보기도 했어요."

"그랬더니 좀 어땠니?"

"그래도 점점 수학이 어려워져요."

아이의 표정은 어두워지고 에너지는 점점 떨어진다.

"그렇지? 그래 가지고는 안 되겠다. 그러면 엄마가 시키는 대로 해봐."

엄마는 수학 성적을 올리기 위한 조언과 충고를 시작한다. 아이를 돕고 싶은 마음에 엄마는 이런 저런 방법들을 알려주지만, 아이가 의지를 보이지 않으니 엄마는 성급한 결론을 내려버리고 만다.

엄마가 아이에 대해 어떻게 생각하는지 아래 표에서 선택하고, 서로의 마음속에 담긴 생각을 알아보자. 엄마의 마음속에 담긴 이러한 생각들은 아이에게 어떤 에너지로 전달될까? 아이는 엄마와 대화를 나누면서 어떤 생각을 하게 될까? 아이는 엄마와 또 이야기를 나누고 싶을까?

	아이가 답을 가지고 있다	아이가 답을 가지고 있지 않다	
	아이가 똑똑하다	아이는 어리숙하다	
	아이를 존중한다	아이를 무시한다	
	아이가 자신감이 있다	아이가 자신감이 없다	
	아이 생각에 힘이 있다	아이 생각에 힘이 없다	

출처: 〈5R 코칭 리더십〉, 폴정. 우수명 지음, 아시아코치센터

마음을 열게 하는 대화(예)

"오늘 기분 좋았던 일 한 가지만 얘기해주겠니?"

"점심시간에 내가 좋아하는 스파게티가 나와서 두 번이나 맛있게 먹었어요."

"와~ 스파게티를 두 번이나 먹었구나. 진짜 맛있었겠다."

"얘야, 요즘 잘 해내고 싶은 것이 있다면 어떤 것이 있니?"

"네, 엄마, 이번에 시험성적이 안 좋아요. 수학 성적을 좀 올리고 싶어요."

"수학 성적을 올리고 싶은 거구나. 그런 생각을 하게 된 계기가 있었니?"

"엄마, 이번에 내 짝지가 수학을 100점 받았어요. 평소에 나보다 수학을 더 못했는데 이번 시험에서 수학 1등을 했더라고요. 그래서 속상해요."

"저런, 짝지가 수학 1등을 해서 속상한 마음이 들었던 거네. 그래서 수학 성적도 올리고 싶은 거고?"

"네. 맞아요. 엄마, 나도 짝지처럼 수학 성적을 올릴 수 있을까요?"

"그럼, 그럴 수 있지! 수학 공부하는데 어떤 점이 제일로 힘드니?"

"선생님께서 알려주실 때는 이해가 되는데, 혼자서 문제집 풀려면 어려워져요."

"혼자 풀려니 많이 어려웠던 거구나. 또 어떤 점이 힘드니?"

"음~ 함수 부분이 나오면 정말 이해가 안 돼요."

"아~ 함수 부분이 어려웠구나! 그런 힘든 점이 있지만 네 스스로 어떻게 하면 수학 성적을 올릴 수 있을지 생각해본 것이 있니?"

"엄마, 그래서 생각해봤는데 수학 학원에 좀 다니면 어떨까요?"

"수학 학원에 다녀보겠다는 거구나. 또 어떤 방법이 있을까?"

"음~ 짝지에게 어떻게 공부했는지 방법을 한 번 물어봐야겠어요."

"그런 방법도 있었네! 그럼 무엇부터 먼저 해볼까?"

"먼저 짝지한테 모르는 것을 정리해서 물어볼게요. 학교 마치고 짝지와 함께 집에 와도 돼요?"

엄마가 아이에 대해 어떻게 생각하는지 아래 표에서 선택하고 서로의 마음속에 담긴 생각을 알아보자. 아이는 엄마와 대화를 나누면서 어떤 생각이 들까? 아이는 엄마와 또 이야기를 나누고 싶을까?

아이가 답을 가지고 있다	아이가 답을 가지고 있지 않다
아이가 똑똑하다	아이는 어리숙하다
아이를 존중한다	아이를 무시한다
아이가 자신감이 있다	아이가 자신감이 없다
아이 생각에 힘이 있다	아이 생각에 힘이 없다

출처: 〈5R 코칭 리더십〉, 플정, 우수명 지음, 아시아코치센터

코치력을 가진 엄마는 아이의 마음을 여는 대화를 한다. 그리고 한 단계 더 나아가 아이가 스스로 방법을 생각할 수 있도록 대화를 이어나간다. 아이를 온전히 믿고, 아이의 입장을 충분히 공감하며 스스로 생각할 수 있는 질문을 한다. 지지와 격려로 아이의 최고 파트너가 되어준다. 작은 일이라도 아이가 '이건 내가 스스로 하겠다고 해서 하는 거야'라는 믿음을 가질 수 있도록 도와주는 것이 바로 코치력의 핵심이다.

사람 마음은 참 이상해서 누군가가 가르치고 조언하려고 들면 스멀스멀 불편한 감정이 올라온다. 반발심이 생기면서 반박하고 싶어지기도 한다. 더군다나 사춘기 아이들은 이성보다 감정이라는 물결

에 더 쉽게 출렁이므로 엄마의 작은 말에도 폭발하는 감정을 제어하기가 어렵다. 사춘기 아이들과 어떤 대화를 해나가면 좋을까? 아이와 마음이 열린 대화를 시작하는 것은 폭풍 사춘기를 잠재울 예방주사를 맞는 것이나 다름없다. 아이에 대한 조언과 충고를 줄이고 질문과 경청, 격려로써 대화를 시작한다면 아이의 마음은 늘 엄마의 마음과 연결선상에 있을 것이다.

3. 마음과 마음 연결하기

아기는 엄마 품에 안겨 젖을 먹으면서 잠시도 놓치지 않으려는 듯 엄마의 눈을 빤히 바라본다. 엄마가 따뜻하게 웃어주면 아기도 따라 웃고, 엄마가 조금이라도 찡그리면 아기는 금방 울먹인다. 아기는 세상에 태어나 가장 먼저 만난 엄마와 눈으로 마음을 연결하는 것이다. 말하는 법을 알지 못해도 아기는 엄마와 마음을 연결하면서 세상에서 가장 애틋한 사랑의 관계를 시작한다.

서로 마음을 연결한다는 것을 심리학 용어로 '라포Rapport'라고 한다. '다리를 놓는다'라는 뜻의 프랑스어로 서로의 마음과 마음에 다리를 놓아서 친밀함을 쌓아간다는 것을 뜻한다. 라포가 이루어지면 '서로서로 마음이 통한다.', '어떤 일에 대해서도 모두 말할 수 있다.', '충분히 내 마음을 이해해준다'라는 느낌을 가지게 된다. 이렇게 되면 서로 친밀함과 신뢰감이 높아지게 되고, 마음의 깊은 곳에 있는 사연까지 말할 수 있게 되는 것이다. 어린 아기가 본능적으로 엄마의 눈을 바라보며 마음을 연결하듯이, 좋은 관계가 되기 위해 가장 먼저 이루어야 하는 것은 서로 마음이 연결되는 친밀한 상태가 되어야 하는 것이다.

마음을 연결하는 15분

우리 작은아이가 고등학생이 되면서 야간자율학습을 하게 되었다. 게다가 저녁 9시에 야간자율학습을 마치면 다시 합기도장에 운동하러 간다. 두 곳을 이어주는 교통편이 여의치 않은 관계로 나는 매일 아이의 기사 역할을 맡게 되었다. 학교에서 합기도장까지는 차로 15분 정도. 나는 아이가 내 곁에 꼼짝없이 있을 수밖에 없는 귀한 시간을 어떻게 활용할까 생각해보았다. 야간자율학습이 끝나는 저녁 9시. 지친 모습으로 차에 오르는 아이를 보면서 나는 이런 말로 아이를 맞이한다.

"사랑하는 아들! 오늘은 어떤 하루였어?"

"그냥 그랬어요."

"아~ 그냥 그랬군. 그래도 즐거웠던 일 한 가지만 엄마에게 얘기해줄래?"

"뭐~ 딱히, 학교생활이 그저 그렇죠. 뭐!"

아이는 심드렁하게 말한다.

"아하~ 하긴 그렇지! 학교생활이 그렇기도 하지. 음~ 재미있었던 일 한 가지쯤은 있었을 것 같은데… 어때?"

"음~ 그런 일 없어요."

"저런! 재미있었던 일도 없었구나!"

아이는 잠시 동안 말이 없었다. 그러다가 뭔가 떠올랐는지 갑자기 얼굴이 환해지며 나를 쳐다보며 말했다.

"아~ 엄마, 한 가지 진짜 웃긴 일이 있었어요."

"그래? 웃긴 일이 있었어?"

"쉬는 시간에 친구들과 함께 얘기하는데, 다들 막 욕을 섞어서 말하는 거예요."

갑자기 아이의 목소리가 높아졌다.

"그랬었어? 그래서 어떻게 되었는데?"

"그래서 나도 함께 욕을 섞어서 얘기했죠. 그 때 진짜 웃기고 재미있긴 했어요."

"아~ 근데 엄마, 나쁜 욕은 아니고요. 하하하…"

나는 순간 아이 목소리에서 에너지가 올라가는 것을 느꼈다.

"와~ 쉬는 시간에 친구들과 그런 재미있는 시간을 보냈나 보네! 그렇게 재미있었어? 합기도 다녀오면 좀 더 얘기해줄 거지?"

"네~ 다녀올게요. 엄마!"

그렇게 금방 15분이 지나고 아이는 의기양양하게 합기도장으로 향했다. 짧은 시간이었지만 아이의 에너지가 올라가고, 아이와 마음이 연결되는 것을 느꼈다. 그렇게 매일 아이와 15분씩 코치적인 대화를 하면서 중요한 것은 우선 아이의 마음과 연결되어 친밀한 상태가 되어야 한다는 것을 알게 되었다. 그래야만 아이와 다음 이야기를 나눌 수 있고, 진정으로 원하는 일과 해결하고 싶은 일을 해나갈 수 있도록 도와줄 수 있다. 하루 중 힘들고 기분 안 좋은 일도 있었겠지만 15분 남짓 동안만큼은 아이가 즐거운 이야기를 할 수 있도록 마중물했다. 그렇지 않아도 고등학생이 된 아이는 하루 종일 학교의 짜인 틀에 맞추어 생활하느라 하교 길에는 몸도 마음도 지쳐 있다. 엄마가 아이의 에너지를 올려주고, 말을 뱉어낼 수 있도록 조금만 도와주면 아이는 마음속의 즐거운 기억으로 플래시를 비춰보게 될 것이다.

엄마, 오늘 어떻게 보내셨어요?

여느 때와 같은 하교 길, 작은아이는 내 차에 올랐다. 무슨 기분 좋은 일이 있었는지 활짝 웃으며 대뜸 이렇게 물어본다.

"엄마, 오늘 어떻게 보내셨어요?"

"…"

"엄마, 그러니까 음~ 엄마에게 오늘 어떤 특별한 일이 있었어요?"

많이 익숙한 질문이다. 평소 내가 하던 질문을 아이가 내게 돌려준다. 잠시 당황했지만, 내 마음은 어느새 아이의 질문을 따라 오늘 하루를 검색하고 있었다.

"네가 그렇게 물어보니 여러 가지가 떠오르는데~ 그 중에서 블로그에 책 리뷰를 올린 것이 특별하게 생각되는구나!"

"책 리뷰라고요? 어떤 책 리뷰를 올렸어요?"

"《내가 확실히 아는 것들》이란 책인데, 미국의 오프라 윈프리라는 유명한 사람이 쓴 책이야."

"그래요? 그렇게 하면 엄마에게 어떤 것이 좋아져요?"

"엄마는 책을 좀 더 깊이 있게 읽어보게 되고, 좀 더 풍부한 사고를 하게 되겠지!"

아이의 질문을 따라가는 동안 나는 정말 놀라운 것을 발견했다. 아이가 그동안 내가 했던 질문과 표현들로 나와 마음을 연결하려고 했다. 게다가 나의 에너지를 올려주는 코치적인 대화를 하고 있었던 것이다. 엄마가 매일 자기한테 그렇게 물어보곤 해서 자기도 한번 해보고 싶었다는 것이 아이의 말이다. 엄마가 평소에 하는 말과 행동이 아이에게 얼마나 큰 영향을 미치는가에 대해 나는 몸소 경험하게 되었다. 또 나의 말과 행동을 흉내 내는 아이에게 더욱 신뢰감이 생기고 친밀한 느낌이 들었다. 게다가 아이는 그저 한 번 해본 것이라고 하지만 아이의 질문은 수준급이었다. 나는 아이를 통해 잠시 하루를 돌아보게 되었고, 의미 있었던 기억을 떠올려볼 수 있었다. 아이가 사랑스럽고 고마워진다.

마음을 연결하는 라포에 대해서 NLP의 대가인 앤서니 라빈스 Anthony Robbins는 재미있는 이야기를 들려준다.

짓궂은 학생들이 새로 부임해온 선생님을 놀리기로 계획을 세웠다. 아침 9시가 되면 동시에 책을 떨어뜨리기로 했고, 아이들은 모두 정확히 9시에 책을 떨어뜨렸다. 선생님은 당황하지 않고 곧바로 책을 떨어뜨리고는 "미안하다. 내가 좀 늦게 떨어뜨렸구나"라고 말했다고 한다. 이 일이 있은 후 학생들은 전적으로 선생님을 따랐다. 선생님이 함께 책을 떨어뜨린 것은 학생들과 마음을 연결하기 위한 행동이었다. 아이들은 선생님이 자신들의 행동을 함께하는 것을 보면서 마음도 함께한다고 생각한 것이다. 이처럼 아이와 마음을 연결해나가는 것은 아이를 이끌어 나가는데 있어 큰 영향력을 발휘하게 해준다.

잘 통하는 사이가 되고, 서로 같은 편이라는 친밀한 마음이 들면 누구나 자신의 말을 들을 준비가 되어 있을 것이라고 생각하게 된다. 자신을 신뢰하고 이야기에 관심을 가지고 들어줄 거라는 신뢰감이 커지기 때문이다. 클로테르 라파이유 Clotaire Rapaille는 《컬처 코드》에서 "그들이 가장 편안한 상태에 놓여야지만 그들의 속마음을 들을 수 있다"라고 말했다. 나는 여러 번의 시행착오를 겪으면서도 아이의 마음에 연결되고자 많은 노력의 시간을 보냈다. 이제 제법 토닥토닥하며 아이와 나의 마음에 든든한 다리가 연결되어 가고 있음에 감사한다.

4. 호기심을 품은 질문기술

잭 캔필드와 피터 치는《불가능을 가능하게 만드는 코칭 파워》에서 호기심에 대하여 이렇게 말한다. "호기심은 내가 아무것도 알지 못한다는 사실과 알고 싶다는 생각에서 나온다. 이 생각은 어떤 지식이 배울 가치가 있음을 전제로 하기 때문이다."

아이가 하는 말에 대해 다 알고 있다고 생각한다면 엄마는 어떤 질문도 할 것이 없다. 알고 싶다는 순수한 호기심으로 아이의 말을 들을 수 있어야만 유익하고 통찰력 있는 질문을 아이에게 던질 수 있다. 호기심을 품은 질문은 아이가 스스로 생각을 일으키도록 돕는 아주 강력한 코칭 기술이다. 일상생활 속에서도 조금만 주의를 기울인다면 아이들의 생각에 불을 지필 수 있는 질문과 함께할 수 있다.

호기심을 품은 질문을 하라

순수한 호기심은 아이의 생각을 받아들일 수 있게 해준다. 호기심 가득한 마음으로 아래와 같은 질문을 해보라. 아이의 그 다음 이야기를 들을 수 있다.

"좀 전에 네가 한 말이 궁금한데… 엄마에게 좀 더 말해줄래?"

"그랬어? 어떻게 그런 생각을 하게 되었니?"

"그렇게 생각하게 된 어떤 계기가 있었니?"

"네가 말한 것을 이루고 나면 네 기분은 어떨 것 같으니?"

엄마로부터 이런 질문을 받은 아이는 존중받는 느낌을 갖게 된다. 그리고 자신에게 관심을 보이는 엄마에게 마음속 이야기보따리를 풀어놓게 된다. 아이가 하는 말에 호기심을 가지고 질문하는 것은 아이의 정신에 불을 밝혀 주는 것과 같다. 대부분은 다 알고 있다는 생각 때문에 아이의 말을 듣지 않고, 적절한 조언을 할 생각부터 하게 된다. 코치력을 가진 엄마는 좋은 질문을 던지고 경청함으로써 아이 스스로 창의적인 사고를 할 수 있도록 돕는다. 이와 관련해서 평소에 간단한 질문의 공식을 만들어두면 좋다.

- " …에 대해 궁금한데, 조금만 더 자세히 말해주겠니?"
- " …이 정말 알고 싶단다."
- "좀 전에 네가 한 말이 매우 흥미롭구나. 엄마에게 좀 더 말해 주겠니?"
- "어떻게 그런 생각을 하게 되었니?"

힘을 실어주는 질문을 하라

힘을 실어주는 질문은 아이의 자존감을 올려준다. 아이를 믿고 스스로 선택하고 결정내릴 기회를 주기 때문이다. 아이는 자신이 처한 상황에서 엄마가 알고 있는 것보다 훨씬 더 많은 해결자원을 가지고 있다. 단지 엄마는 아이가 진심으로 원하는 것이 무엇인지 찾도록 도와주는 위치에 있을 뿐이다. 아이가 가지고 있는 잠재력에 대해 엄마가 관심을 보여주는 것만으로도 아이는 마음에 큰 힘을 얻게 된다. 반면에 엄마의 판단과 조언이 앞서게 된다면 아이는 더 이상 자신의 잠재력을 발휘할 노력을 하지 않을 것이다. 아래는 아이의 마음에 힘을 실어주는 질문들이다.

- "친구들이 너의 어떤 점을 가장 좋아하는 것 같니?"
- "엄마는 너의 집중하는 모습이 강점인 것 같은데, 넌 어떻게 생각하니?"
- "무엇을 할 때 가장 기분이 좋니?"
- "최근에 열심히 해왔던 것은 어떤 거니?"
- "그동안 잘해온 네게 어떤 칭찬을 해주고 싶니?"
- "지금 하고 있는 것을 계속해 나간다면 1년 뒤 넌 어떤 모습일까?"
- "네가 지금 관심 있어 하는 것을 좀 더 알기 위해서 무엇을 더 해보면 좋을까?"

비판과 충고의 질문은 피하라

아이의 이야기를 듣는 중에 해결 방법을 찾고 있다면 계속 충고할 질문과 말만 떠오르게 된다. 비판과 충고의 표현은 자칫 이미 일어난 사실을 확인하는 것처럼 받아들여진다. 이는 아이로 하여금 의욕을 꺾어버리고, 부정적인 효과를 낳게 된다.

가령 "왜 매번 약속을 안 지키는 거니?"라는 표현을 살펴보면 약속을 지키지 않았다는 이미 일어난 행동에 대해서만 비판적으로 언급하고 있다. 약속을 잘 지켜주기를 바라는 마음에서 하는 말이라면 그 의도를 이룰 수 있는 질문을 해야 한다. "어떻게 하면 약속을 잘 지킬 수 있을까?"라는 질문으로 아이의 생각을 열어주는 것이 훨씬 효과적이다. 이들 두 질문의 바탕에는 약속을 잘 지키면 좋겠다는 의도가 담겨 있지만 전혀 다른 결과를 얻게 된다. 여기서 핵심은 질문의 방향이 과거가 아닌 미래를 향한다는 점이다.

아이가 바람직한 방법과 방향을 찾을 거라는 믿음을 갖고 미래지향적인 질문을 하라. 그러면 아이에게 진정으로 원하는 것을 요청할 수 있다.

- "엄마에게 어떻게 그렇게 버릇없이 말하니?" ➡ "좀 더 예의 있게 말해주겠니?"
- "왜 그렇게 약속을 안 지키는 거니?" ➡ "약속을 잘 지키려면 어떻게 하면 될까?"
- "기분 나쁜 생각만 하면 계속 우울하지 않겠니?" ➡ "어떤 생각을 하면 기분이 좋아질까?"
- "계속 게임만 하고 있을 거니?" ➡ "게임하고 난 뒤에는 무엇을 할 계획이니?"

- "맨날 늦잠 잘 거니?" ➡ "만약 네가 딱 30분만 더 일찍 일어난다면 무엇을 할 수 있을까?"

'왜'라는 말의 습관에서 벗어나라

한동안 연락이 뜸했던 친구에게서 전화가 왔다. "왜 그동안 한 번도 연락을 안 했니?" 나는 반가운 마음으로 전화를 받았는데, 친구는 나에게 왜 그동안 연락도 한 번 안 했는지부터 뾰로통한 목소리로 물어보는 거였다. 친구는 자주 연락하며 지내고 싶다는 마음을 전하려는 것이었는지 몰라도, 나는 친구의 첫마디에 반가웠던 마음이 그만 반감되고 말았다. "오랜만에 네 목소리 들으니 정말 반가워!"라고 말해주었더라면 어땠을까? 내 마음속에 친구에 대한 작은 원망과 아쉬움이 맴돌았다.

우리는 습관적으로 '왜'라는 말을 많이 사용한다. 아이에게 "왜 학원에 안 갔니?"라고 물어보면 아이는 어떤 생각을 하게 될까? 아이는 분명 변명이나 핑계부터 생각해낼 것이다. '왜'라는 말은 추궁하는 느낌을 주기 때문이다. 이 말을 살짝 바꾸어 "학원에 가지 못한 어떤 이유가 있었니?"라고 물어보면 아이와 대화가 가능해진다. "왜 화가 났니?"보다 "화나게 만든 일이 무엇이니?", "어떤 일이 너를 화나게 만들었니?"라고 물어보는 것이 효과적인 질문이다. '왜'를 포함한 질문은 자칫 비판하고 캐묻는 것 같은 느낌을 주어 긴장감과 저항감을 형성시킨다. 아이로 하여금 방어하는 태도를 취하게 하고, 변명을 늘어놓게 만들고 만다. '왜'라는 말 대신에 '무엇' 또는 '어떤'이라는 말을 사용해서 질문을 바꾸어보자.

- "왜 공부 안 하니?"는 이렇게 바꾸면 된다. "공부를 할 수 없게 만드는 일이 있나보구나, 그게 무엇이니?"
- "왜 자꾸 늦게 오니?"는 "어떤 일로 늦게 오는 거니?"로 질문하면 아이는 기운차게 말하고 해결할 방법도 찾아가는 힘을 얻게 될 것이다.

질문은 기다림과 함께한다

엄마가 질문을 하면 아이의 마음은 불안하고 초조해진다. 뭔가 맞는 답을 해야 할 것 같기 때문이다. 만약 엄마가 아이의 생각을 일으키기 위해 질문을 했다면 재촉하지 말고 기다려주는 것이 필요하다. "이런 것도 금방 대답을 하지 못하니?", "뭐라는 거야. 간단히 요점만 말해봐"라고 재촉한다면 심리적으로 불안해지기 때문에 창의적인 사고를 할 수 없어진다. 코치엄마는 기다려줄 줄 안다.

- "엄마가 기다릴 테니 생각이 정리되면 이야기해도 돼."
- "지금 생각이 나지 않을 수도 있어. 조금 있다가 말해주겠니?"
- "어떤 말이라도 괜찮아. 생각나는 것을 얘기해보자."

엄마의 질문에 아이가 이야기를 시작하면 계속해서 대화에 끌어들이는 것 또한 중요하다. "그래서 어떻게 되었니?", "언제부터 그런 생각을 해왔니?"라고 다시 질문해주면 아이 스스로도 미처 생각하지 못했던 것까지 말하게 된다. 아이는 엄마의 질문을 따라가며 때때로 "내가 이런 생각을 했던가?", "아 맞아, 내가 하고 싶었던 게 바로 이거야"라는 강렬한 순간을 경험하게 되기도 한다.

"아기가 아장아장 걸을 때 모습을 떠올리면 어떤 생각이 드나요?", "그동안 아이를 키우면서 가장 행복했던 때는 언제였나요?", "앞으로 당신에게 1년밖에 시간이 없다면 아이에게 무엇을 해주고 싶으신가요?" 이런 질문을 단계적으로 받게 되면 대부분의 엄마들은 아이의 예뻤던 그 때를 생각하며 얼굴에 미소가 피어오른다. 아이에 대한 사랑과 미안함이 마음 깊은 곳에서 일렁이는 순간이다. 이처럼 탁월한 질문은 마음속에 가라앉아 있는 소중한 장면을 떠올리게 한다. 또한 사람의 마음을 성장시키는 출발점이 되곤 한다. 그러니 아이에게 탁월한 질문을 하는 코치엄마가 되라. 아이가 우뚝 설 수 있는 출발점에는 늘 엄마의 탁월하고 좋은 질문이 함께했다는 것을 알게 될 것이다.

5. 보탬도 뺌도 없이 듣는 기술

아이가 하는 이야기를 보태지도 빼지도 않고 있는 그대로 들어준다면 아이는 엄마와 더 많은 것을 공유하고, 마음을 나누게 될 것이다. 때로는 선생님의 흉도 털어놓을 수 있을 만큼 엄마에게 마음을 열어놓는다. 아이의 눈을 바라보며 아이 마음에 귀를 기울이는 것은 '엄마는 너의 얘기와 마음을 깊이 이해하기 위해 노력 중이야'라는 메시지를 전달하는 셈이다. 이 메시지는 아이의 마음에 신뢰를 쌓게 해주고, 더 나은 관계를 만들어가는 주춧돌이 되어준다. 이제 보탬도 뺌도 없이 듣는 기술을 하나씩 훈련해보자.

공감하며 경청하기

중학교 3학년인 J는 매우 밝고 긍정적인 에너지를 가진 아이다. 친구들과도 사이좋게 지내고 매사 적극적으로 행동하는 편이다. 그런 J가 무슨 속상한 일이 있었는지 학교에서 돌아오자마자 자기 방으로 들어가서 한동안 기척이 없다.

"J야, 학교에서 무슨 일이 있었니? 엄마가 걱정이 되는 구나!" 아이를 걱정하기

"아, 아니에요. 친구들 땜에 조금 짜증이 나서요!"

"저런! 친구들 땜에 짜증이 난거구나!" 감정 그대로 읽어주기

"친구들과 어떤 일이 있었는지 엄마에게 말해주겠니?" 구체적으로 질문하기

"축제 때 발표할 댄스를 연습하고 있는데 친구들이 열심히 안 하잖아요! 며칠 남지도 않았는데…"

"친구들과 함께 댄스를 열심히 연습해서 축제 때 멋지게 발표하고 싶은 거구나." (내용 다시 구성하기)

"네, 그래요, 엄마! 친구들과 함께 중학교 마지막 축제에서 멋지게 발표하고 싶거든요. 그런데 저만 열심히 한다고 해서 되는 게 아니에요."

"친구들과 함께 잘 해내고 싶은 네 마음이 느껴지는구나. 그래서 친구들이 함께 열심히 해주길 바라는 거구나! 그렇지?" (마음 확인하기)

"바로 그거예요, 엄마! 친구들과 함께 잘 해내고 싶어요. 엄마는 이제 제가 어떻게 하면 좋겠다고 생각해요?"

'공감하며 경청하기'는 엄마의 경험과 생각은 잠시만 접어두고, 온전히 아이의 마음을 이해하고자 듣는 방법이다. 엄마의 안경을 벗고서 잠시 아이의 안경을 쓰면 아이가 바라보는 세상이 더 잘 보이게 된다.

▶ 마음 연결하기 ▶ 감정 그대로 읽어주기 ▶ 순수한 호기심으로 질문하기
▶ 내용 다시 구성하기 ▶ 마음 확인하기

J가 자기 방에 들어가 기척 없이 있다는 것은 평소와 다른 감정에 휩싸여 있다는 것을 온몸으로 말해준다. 엄마는 먼저 말을 걸어주며 **[마음 연결하기]**를 한다. 그리고 J의 표정과 말속에 드러난 **[감정을**

그대로 읽어준다.] J의 감정이 어느 정도 흘러나왔을 때 엄마는 J에게 어떤 일이 있었는지 **[순수한 호기심을 가지고 질문한다.]** 그리고 짜증스러운 감정 아래에 있던 J의 마음을 다시 물어봄으로써 **[내용을 다시 구성하고] [마음을 확인한다.]**

엄마의 공감적인 경청은 J의 마음을 열게 했을 뿐 아니라 불편했던 자신의 감정에서 빠져나와 비로소 마음속 진정한 욕구와 만날 수 있도록 했다. 그 결과 엄마와 J는 서로 같은 방향을 바라보면서 이루고자 하는 것을 함께 생각해볼 기회도 가지게 된 것이다.

우리는 때때로 아이가 말을 하기 시작할 때 엄마의 경험에 비추어 아이의 마음을 미리 판단하고 조언을 시작해버리곤 한다. 그러면 아이는 말문을 닫아버리고 만다. 엄마가 아무런 판단 없이 자신이 표현하는 감정을 그대로 이해하고 읽어줄 때, 아이는 마음속 얘기를 자유롭게 털어놓게 된다.

공감하며 경청하기란 해결책을 찾기 위해 듣는 것이 아니라 오직 이해하려는 의도를 가지고 듣는 것이다. 엄마의 진심어린 이해가 일으키는 아이 마음의 화학작용을 경험하고 싶지 않은가! 아이는 자신의 말을 보탬도 뺌도 없이 있는 그대로 들어주는 엄마에게 신뢰와 존중의 마음을 선물해줄 것이다.

보탬도 뺌도 없이 듣기

아이는 말할 때 눈빛과 목소리의 고저, 몸짓, 표정, 태도 등 비언어적인 표현을 통해서도 많은 것을 전달하고 있다. 그러므로 엄마는 아이가 입으로 말하지 않은 것에 대해서도 충분히 듣고 느낄 수 있어야 한다. 귀와 머리뿐만 아니라 마음과 눈으로도 적극적으로 들으려 노력해야 한다. 보탬도 뺌도 없이 엄마가 듣고 있음을 알려줄 수 있는 방법을 정리해보았다.

- 눈맞춤 유지하기^{eye contact} : 이야기하는 동안 부드러운 눈빛으로 아이를 바라보면 짧은 순간이라도 무언가 마음이 통한다는 느낌을 갖게 된다. 눈을 바라보는 것은 아이가 얼마나 소중한 존재인지를 느낄 수 있도록 해주는 강력한 몸짓 중의 하나이다. 그러므로 아이와 대화중에 시선이 다른 곳을 향해 있거나, 신문이나 TV를 보고 있다면 아이는 더 이상 마음의 얘기를 하지 않을 것이다.

- 목소리 톤과 보조 맞추기^{pacing} : 아이의 말하는 성향이 약간 빠를 수도 있고, 느릴 수도 있다. 아이가 천천히 말한다면 재촉하지 말고 들어주면 좋겠다. 엄마 목소리가 너무 크거나 빠르면 아이는 주눅이 들어서 하고 싶은 말을 제대로 하지 못할 수도 있다.

- 거울이 되어주기 mirroring : 이야기하는 동안 아이와 비슷한 표정을 지어주기도 하고, 비슷한 자세를 가져보라. 묘한 친밀감을 갖게 된다.

- 반응해주기 : 판소리 공연에서는 고수가 추임새를 넣으며 흥을 돋운다. 아이가 말하는 동안에도 "아이코 저런!", "그랬구나!", "그래서 어떻게 되었는데?", "안됐구나!"라고 반응해주면 말하는 사람은 훨씬 힘이 난다. 가만히 듣고만 있지 말고 적절하게 맞장구와 말로 반응해주면 아이는 더 존중받는 느낌을 갖고 마음의 이야기를 들려준다.

- 요약해주기 backtracking : 아이의 말이 확실하게 와 닿지 않을 때 요약해서 다시 물어봐주는 것을 말한다. 다시 한 번 물어주면 아이와의 대화에서 오해가 생기지 않고, 아이 스스로도 자신이 한 말에 확신을 가질 수 있다.
  "엄마가 듣기론 …하다고 들리는데, 이것이 맞니?"
  "그래서 네가 말하고자 하는 것은 …하다는 거지? 어떠니?"
  "엄마 생각에 …하다고 느껴지는데, 그게 맞니?"
  "…했다는 거지?"

- 침묵 지키기 break : 아이가 충분히 생각하고 말할 수 있도록 기다

려주는 시간이다. 아이는 때때로 하던 말을 멈추고 생각에 잠기기도 하고, 엄마가 질문해도 한참을 말을 하지 않고 있을 때도 있다. 이때 재촉하지 말고 기다려줄 수 있어야 한다. 침묵 또한 아이의 말을 듣는 연장선에 있기 때문이다.

강렬한 생각과 인식은 침묵하는 동안 이루어진다. 아이의 감정과 의도를 이해하고자 듣고 있음을 잊지 않는다면 침묵의 시간을 충분히 지켜낼 수 있다. 엄마가 답을 알고 있더라도 성급한 피드백을 하려 하지 말고 아이가 입을 열도록 기다려보자. 어느 정도 시간이 지났다면 이런 말로 이야기를 이끌어올 수도 있다. "생각이 정리되면 엄마에게 얘기해주렴.", "너무 서두를 필요는 없단다.", "천천히 생각해보자"라며 기다리는 대화를 한다면 아이는 자유로이 마음 밭을 여행하는 시간을 가질 것이다.

아이가 털어놓는 고민이 때로는 엄마에게 가볍게 여겨질 수도 있다. 그래서 엄마는 "그런 걸 고민이라고 하니? 들어가서 공부나 해!" 하며 대수롭지 않게 말해버리곤 한다. 그럴 때 아이는 엄마에게 말한 것을 후회하게 되고, 이제 더 이상 자신의 말을 하지 않게 된다.

사실 엄마에게는 대수롭지 않은 것이 아이의 세계에서는 엄청난 고민일 수도 있다. 어쩌면 아이는 해결책을 원한 게 아니라 후련하게 말하고 싶었던 것인지도 모른다. 그러니 아이가 하는 말에 귀 기울여주고, 이야기를 들어주는 것만으로도 아이들의 마음은 춤을 춘다. 아이는 자신의 이야기를 보탬도 뺌도 없이 들어주는 엄마 곁에서 스스로의 감정을 조절할 수 있는 힘을 키워나가게 되는 것이다.

6. 지혜로운 피드백 기술

2년 전쯤에 교육사업을 하고 있는 선배의 일을 성심껏 도와준 적이 있다. 그 때 좋은 성과가 있어 한 말인지 모르겠지만 선배로부터 나는 이런 피드백을 받았다. "넌 다방면에 끼가 참 많아! 이번에 네 역할이 컸어!" 그 때 선배가 말해준 한마디, 즉 '끼 많다'는 피드백은 한동안 내 마음을 설레게 했었고, 지금까지도 내게 끼 많은 사람이라는 자부심을 잃지 않게 하고 있다.

이렇듯 피드백은 우리의 삶 속에 깊이 관여하고 있으며, 특히 사람과의 관계에 어마어마한 영향력을 행사하고 있다. 이제부터 지혜롭고 효과적인 피드백의 기술들을 하나씩 알아보기로 하자

지지적인 피드백은 잘하는 것을 더 반복하게 한다

엄마의 눈에는 늘 아이의 모습이 부족하고 어설프기만 하다. 그래서 도와주고 싶은 마음 가득하지만, 의외로 아이를 가만히 살펴보

면 기특하고 잘 해내는 모습이 너무나 많다. 잘하는 면을 보려고 노력하면 더 자주 아이의 잘하는 면이 보이는 법이다. 그럴 때 엄마가 아이의 잘한 행동에 대해 적절한 피드백을 제공한다면 그 행동은 지속되고 발전될 가능성이 매우 높아진다. 아이의 기특한 행동을 반복하도록 돕는 지지적인 피드백은 어떻게 하는 것인지 알아보자.

사춘기를 지나는 우리 작은아이는 거의 매일 자정을 넘겨야 잠자리에 든다. 그러다보니 아침에 대여섯 번 깨워야 겨우 일어나곤 하는데, 어느 날 아침에는 한 번 깨웠을 뿐인데 아이가 식탁에 앉아 있어서 깜짝 놀란 적이 있다. 그 날 저녁에 나는 소파에 앉아 아이에게 이렇게 피드백 해주었다.

- "얘야, 엄마가 아침에 딱 한 번 깨웠는데 네가 바로 일어나 아침밥을 먹었잖아!"
- "네가 바로 일어나주니 엄마의 바쁜 아침시간이 꽤 절약되었어."
- "스스로 일어나려는 너의 강한 의지가 보였단다. 네가 무척 대견하구나."

위 내용은 아래의 단계에 따라 구성된 지지적인 피드백이다.

▶ 행동에 대해 말한다 ▶ 행동의 영향에 대해 말한다 ▶ 느낀 점과 태도를 말한다

출처: 〈피드백 이야기〉, Richard Williams

아이들이 칭찬받을 만한 행동을 했어도 우리는 흔히 "잘했구나!", "수고했어"라며 간단하고도 단순한 피드백을 던지고 만다. 아이의 행동과 태도에 대한 구체적인 언급이 없다보니 그저 행동의 결과에만 치중한 하나마나한 피드백이 되어버리는 것이다. 이러한 피드백은 아이로부터 원하는 행동을 이끌어내는 힘이 부족하다.

나는 아이가 아침에 스스로 일어나는 행동이 반복되기를 바랐다. 그래서 아이의 그 행동을 포착해서 지지적인 피드백을 했다. 먼저 아이의 행동에 대해서 말하고, 그것에 대한 긍정적인 영향을 알려주었다. 그리고 엄마가 아이의 행동에 대해 어떻게 느꼈는지, 왜 그렇게 느꼈는지를 말해주었다. 이 단계를 거친 지지적인 피드백은 아이의 행동에 강렬한 의미를 부여해준다. 나는 아이에게 스스로 일어나려는 강한 의지가 보여 대견하다는 말을 해주었다. 엄마의 말에 아이는 스스로 강한 의지가 있는 자신으로 연결지을 뿐만 아니라 엄마로부터 대견하다는 말을 들었으니 인정도 받은 셈이다. 그 후 실제로 아이는 아침에 자주 그런 강한 의지를 보여주었다.

지지적인 피드백은 아이가 잘한 행동을 계속 반복할 수 있도록 힘을 실어준다. 반복되길 원하는 어떤 행동을 이끌어내는데 탁월한 피드백이라 할 수 있다. 지지와 격려, 존중의 힘이 실린 지지적인

CHAPTER 3
코치력은 이렇게 만들어진다 **245**

피드백은 아이와의 관계를 더욱 깊고 매력적으로 만들어갈 것이다.

교정적인 피드백은 아이의 행동을 변화시킨다

지지적인 피드백만을 적용할 수 있는 상황이 계속된다면 얼마나 좋을까! 안타깝게도 아이의 부족한 점을 개선하고 행동을 변화시켜야 할 경우에는 지지적인 피드백만으로는 부족하다. 이를 보완할 수 있는 피드백이 교정적인 피드백이다. 차분히 아이의 개선할 행동에 대해 객관적으로 바라볼 수 있다면 이것으로 예상치 못한 성과를 만들어내기도 한다. 교정적인 피드백을 익히는 데에는 앞서 말한 질문과 경청의 기술이 큰 도움이 될 것이다.

- "얘야, 아침에 교복 입고 등교하는 모습이 꽤 늠름해 보이더라."
- "아까 엄마가 방에 들어가 보니 침대 위에 교복바지랑 셔츠가 어질러져 있던데, 넌 그것을 보면 어떤 기분이 드니?"
- "네가 교복을 옷걸이에 걸어놓는다면 교복도 안 구겨지고 정돈도 되겠다는 생각이 드는데, 네 생각은 어떠니? 엄마가 무엇을 도와주면 좋겠니?"

위 내용은 아래의 5단계 중 3단계만 적용한 교정적인 피드백이다. 3단계에서 아이가 개선할 의지가 보이지 않는다면 좀 더 단호하게 마지막 단계까지 적용하면 된다.

▶ 먼저 지지적인 피드백을 한다 ▶ 상황에 대한 질문을 한다 ▶ 개선이 필요하다고 말한다
▶ 적절한 규율을 정한다 ▶ 한계선을 긋는다

출처: 〈피드백 이야기〉, Richard Williams

엄마들은 아이의 못마땅한 모습을 보면 부정적인 감정이 먼저 움직인다. 그렇다보니 제대로 된 피드백을 하지 못하고 대부분 잔소리를 해버리고 만다. 리처드 윌리엄스는 《피드백 이야기》에서 교정적인 피드백을 줘야 할 순간에 우리가 학대적인 피드백을 해버리기 때문에 아이 행동을 변화시키기는커녕 상처와 절망을 주는 관계를 만들고 만다고 한다. 비난과 잔소리로 아이의 행동을 변화시킬 수 없음을 알면서도 우리는 자주 그 사실을 잊어버리는 것이다. 잔소리는 잠시 응급처치는 가능할지 몰라도 긍정적인 변화를 이루어내지는 못한다. 효과적으로 교정적인 피드백을 하기 위해서는 우선 올라오는 부정적인 감정에 지배당하지 말아야 한다. 부정적인 감정은 비난하고 명령하고 설득하게 한다. 그리고 아이에게 협박까지 하게 되지만 효과는 잠시일 뿐이다.

아이의 행동을 변화시키는 일은 하나의 거대한 과정임을 기억해야 한다. 그리고 이때 가장 중요한 것은 어떤 상황에도 흔들림 없는 '여유를 가지는 것'이다. 여유는 객관적인 마음을 유지시켜 주므로 차분하게 교정적인 피드백을 할 수 있게 한다. 이제 비난을 멈추고, 지지적인 피드백을 늘리고, 질문과 경청으로 아이를 대하라.

칭찬 피드백은 아이의 품성을 키워준다

아이들에게 하는 최고의 피드백은 칭찬이다. 그것이 진정한 마음과 합쳐졌을 때 최고의 시너지를 만들어낸다. 하지만 구체적인 근거가 없는 칭찬은 그저 듣기 좋은 말로만 전달되어져 오히려 의구심과 불쾌감을 만들어낼 수 있다. 구체적인 행동을 말해주고, 그 행동에 연결된 품성을 말해줌으로써 칭찬의 효과는 극대화된다. 믿음직스러움, 자랑스러움, 사랑, 인내심, 의지, 성실함, 배려, 친절함, 용기, 창의성 등의 어휘와 함께 아이에게 느껴지는 품성을 언급해주라. 아이는 그에 걸맞은 품성과 태도를 갖춰나갈 것이다.

- "핸드폰을 꺼놓고 공부하겠다고 하더니 정말 그랬구나! 약속을 잘 지키는 네가 정말 믿음직스럽다."

  → 엄마가 약속을 잘 지켰다고 인정해주고, 또 믿음직스럽다고 말해주니 아이는 더욱 의욕이 생겨난다.

- "옷걸이에 옷을 잘 정리해 놓았더구나. 물건을 소중히 하는 너의 마음이 느껴져."

  → 아이에게 정리를 잘해 놓은 것에 대해 인정해주고, 나아가 자신의 물건을 소중히 하는 사람으로 자랄 수 있도록 돕는다.

- "주말에도 시합훈련에 참석했구나. 쉬고 싶었을 텐데… 네 의지가 대단하구나."

  → '내가 이렇게 의지 있는 아이인가?' 하며 처음에는 의아해하겠지만 점차 스스로 그런 아이라고 생각하며 자신에 대해

긍정적인 마음을 키워나가게 된다.

이처럼 엄마의 칭찬 몇 마디에 아이의 마음은 부릉부릉 시동이 걸릴 것이다. 아이의 마음은 의외로 이렇게 소박하고 작은 것에 움직이기 때문이다.

마음을 죽이는 피드백

좋은 피드백은 아이에게 용기를 주고 성장과 변화를 일으키도록 돕는다. 반면에 부정적인 영향을 미친다는 것을 알면서도 익숙해져 있는 피드백들이 있다. 학대적인 피드백, 무의미한 피드백은 걱정, 무시, 비난, 불안 등과 같은 부정적인 감정과 함께한다. "너는 이런 것도 하나 못하니?", "너는 커서 뭐가 되려고 그러니?"와 같은 학대적인 피드백은 아이에게 상처와 절망을 가져다준다. 그런가 하면 "잘했구나!", "그러면 되겠네!"와 같은 말들은 부정적인 말은 아니지만 아이의 마음을 움직이지 못한다. 이런 하나마나한 피드백은 아이에게 무관심하고 지루한 느낌을 전달할 뿐이다.

심리학자 존 왓슨John Watson은 자신의 의도대로 아이들을 기른다면 변호사와 사업가는 물론 거지, 도둑, 사기꾼 등으로도 키울 수 있다고 자신했다. 이 말은 매일매일 엄마가 아이와 주고받는 피드백의 영향이 얼마나 큰지 알려주는 말이다. 좋은 피드백 하기를 훈련하라. 힘든 상황에서도 엄마는 아이 마음에 좋은 영양분을 공급하기 위해서 늘 최선을 다해야 한다. 엄마의 좋은 피드백은 아이 마음을 살찌게 해줄 것이다.

7. 코칭 대화 – 공감으로 여는 대화

코칭 대화에서는 상대방에 대한 진정어린 공감이 이루어져야 한다. 그것은 아이의 마음을 움직이고 변화를 이루어내기 때문이다. 평소 아이에게 지시하는 식의 대화에 익숙해져 있다면 공감 대화가 다소 어색하게 느껴질 수도 있다. 그럼에도 불구하고 한 계단씩 마음의 사다리를 올라가다보면 아이와 마음이 연결되는 지점에 도달하게 될 것이다.

이제 아이와 어떻게 공감해야 하는지 알아보자. 공감 대화를 할 때는 오로지 공감에만 초점을 맞추어야 한다. 아이가 겨우 자신의 마음을 얘기하게 되었는데 "그랬구나!"라는 말로 공감하면서 엄마의 마음속에는 벌써 그것을 해결해주고 싶은 마음이 올라온다. 순간적으로 "그럴 때는 말이야"라며 조언을 시작하고 마는 것이다. 이제 막 열리기 시작하던 아이 마음이 쏘옥 들어가 버린다는 것을 꼭 기억해야 한다. 온전히 아이의 마음에만 집중하며 공감어린 대화를 시작해보자.

대화(1) - 전통적인 대화

"엄마, 우리 학교는 완전히 썩었어요. 진짜 이해할 수가 없어요!"

"썩었다니, 대체 무슨 일로 그러는 거니?"

"말해도 엄마는 제 마음을 잘 모르실 거예요."

"왜 모른다고 생각하니? 엄마에게 얘기해주렴."

"엄마, 학교 선생님들은 어른인데 다들 우리보다 더 못한 행동을 해요."

"그래? 어떤 일이 있었는데 그러니?"

"선생님들은 자기 기분이 나쁘거나 뜻대로 안 되면 고함을 지르면서 말하거든요. 어른이면서 게다가 선생님인데 왜 감정도 컨트롤하지 못하는 거죠?"

"너희들이 뭔가를 잘못한 게 있어서 선생님이 그렇게 했겠지."

"엄마, 우리가 아무리 잘못한 게 있다 하더라도 선생님은 어른인데 화난다고 함부로 고함지르며 말하면 안 되는 거잖아요."

"그건 그렇지! 그런데 말이야, 선생님이 나쁜 마음이 있어서 그런 건 아닐 거야. 그리고 선생님들도 다 성격이 다르고, 문제를 해결하는 방법이 다르니까 그렇겠지!"

"그러면 우리가 선생님을 이해해야 한다는 말이에요? 선생님이 우리에게 이렇게 함부로 대하는 데도요?"

"아니, 꼭 그런 게 아니라…"

"아~ 엄마에게 말해도 똑같아요. 그냥 생각하지 않을래요."

엄마의 마음은 문제에만 집중되어 있지 아이의 마음에는 전혀 초점을 맞추지 못하고 있다. 그 문제를 바라보는 아이의 생각을 바꾸게 하려고 전전긍긍하고 있을 뿐이다. 엄마는 아이가 말하고 있는 상황에 엄마 자신의 경험과 기준을 들이댄다. 엄마는 아이가 선생님과 갈등이 생길까봐 두렵기도 하다. 그래서 아이를 다독이고 그럴 수도 있다고 설득시키고자 애를 쓰지만, 오히려 아이의 감정을 더 흔들어버리고 만다.

누구든 어떤 상황을 접하게 되면 자신의 경험과 가치대로 판단하게 되는 것은 당연하다. 그런데 아이의 감정은 무시한 채 엄마의 기준을 그대로 적용하려고 하기 때문에 아이의 감정이 저항하는 것이다. 엄마의 생각을 잠시 주머니 안에 넣어둘 수 있을 때 비로소 아이의 마음에 초점을 맞출 수 있다. 선생님을 두둔하지도, 아이를 두둔하지 않고서도 아이의 말과 감정에 따라갈 수 있다.

대화(2) – 공감으로 여는 대화

"엄마, 우리 학교는 완전히 썩었어요. 진짜 이해할 수가 없어요!"
"속상한 일이 있나보구나, 무슨 일로 그러는 거니?"
"말해도 엄마는 제 마음을 잘 모르실 거예요."
"음~ 그럴 수도 있겠다. 어쩌면 엄마가 네 마음을 모두 알 수는 없겠지. 그래도 엄마에게 조금만 말해주겠니?"
"엄마, 학교 선생님들은 어른인데 다들 우리보다 더 못한 행동을 해요."

"저런! 학교 선생님이 너희들보다 못한 행동을 했다는 말이구나."

"선생님들은 자기 기분이 나쁘거나 뜻대로 안 되면 고함을 지르면서 말하거든요. 어른이면서 게다가 선생님인데 왜 감정도 컨트롤하지 못하는 거죠?"

"선생님이 하는 행동에 많이 실망한 것 같구나."

"네. 정말 실망스러워요. 친구들도 다 그렇게 말해요. 선생님을 제대로 바라볼 수가 없어요."

"선생님을 제대로 볼 수 없을 정도라니 얼마나 속상할까! 엄마는 그런 네 마음이 걱정 되는구나."

"그래도 지금은 기분이 조금 나아졌어요. 음~ 그런데 엄마, 사실은 그렇지 않은 선생님도 있어요. 국어 선생님은 천사예요. 항상 웃는 모습으로 제가 어떤 걸 물어봐도 잘 말씀해주세요. 국사 선생님은 재미있어요. 수업시간에 재미있는 얘기를 많이 해주시거든요."

"그렇구나, 그런 선생님이 있어서 정말 좋겠다."

"맞아요. 엄마, 이런 선생님도 있고, 저런 선생님도 있는 거죠! 또 우리도 잘못한 게 있으니까 선생님께서도 그러는 거겠죠?"

"우와~ 그런 생각을 하다니 다 컸구나!"

같은 상황에서 주고받은 두 가지의 대화를 살펴봤다. 미세한 차이임에도 아이와의 대화는 서로 다른 방향으로 진행된다. 그 차이는 무엇이라고 생각하는가? 바로 엄마가 바라보는 초점이다. 대화 (1)은 아이의 문제에 초점이 맞춰져 있고, 대화(2)는 아이의 마음에 초점이 맞춰져 있다. 대화의 방향이 달라지는 시점은 엄마가 아이를 설득하고 조언하려는 순간부터이다.

공감대화에서 가장 중요한 포인트는 아이의 마음에 집중하는 것이다. 문제에 초점을 맞추게 되면 문제를 해결해야 한다는 함정에 빠져 아이의 마음을 닫게 해버리거나 감정을 상하게 만들어버릴 수 있다. 아이의 생각을 바꾸려고 하면 할수록 사태는 더욱 나빠지게 되는 것이다.

그저 아이의 말과 행동에 따라가면서 마음을 살피고 공감해주면 된다. 아이의 말에 리듬을 맞추다보면 아이의 부정적인 감정은 엄마의 말에 따라 마음바깥으로 풀려나와 흔적도 없이 날아가 버린다. 공감 대화를 할 때는 아이가 말하는 주변 상황이 궁금해도 잠시 그 생각을 내려놓아야 한다. 상황에 대해서 꼬치꼬치 캐물어버리면 아이는 말할 의욕을 잃어버리게 된다. 우선적으로 돌봐야 할 것은 아이의 마음이다. 그것을 따라가다 보면 어느새 아이 스스로 모든 것을 말하고 있을 것이다. 비록 아이가 찾은 해결 방법이 엄마가 보기에 다소 어설프게 보이더라도 믿어주고 축하해주라. 아이는 엄마에게 공감 받은 것만으로도 이미 천군만마를 얻은 것이나 다름없다.

아이에게 필요한 것은 마음을 어루만져주는 따뜻한 다독임이다. 그것만으로도 아이는 자신이 처한 상황에서 어떤 방향으로 가야 할지를 스스로 찾아가는 놀라운 모습을 보인다. 조언과 설득의 유혹을 물리치고, 그저 아이 편에 서주라. 아이는 우리가 생각하는 것보다 훨씬 순수하고 관대한 마음을 가지고 있음을 알게 될 것이다.

8. 코칭 대화 – 마음의 사다리에 오르는 대화

엄마가 지속적으로 공감해주면서 경청하는 자세를 유지한다면 아이는 점점 자신의 이야기를 많이 하게 될 것이다. 어떤 말을 해도 엄마가 자신을 신뢰하고 믿어준다는 확신이 견고해지면 좀 더 깊이 있는 대화를 해나갈 수 있다. 공감만으로 이루어졌던 대화에서 한 단계 더 나아가 아이의 발전적인 생각을 이끌어내는 대화를 할 것이다.

아래의 대화 모델에 따라 아이에게 질문하고 경청해보자. 코칭 대화의 기본은 끊임없이 공감과 마음 열기가 계속되어야 한다는 것을 기억하며, 아이 마음의 사다리에 한 계단 더 올라가보자.

5Question에 따라 대화하기

- 1Q: "그동안 잘 해내고 있는 것은 무엇이니?"
- 2Q: "해보려고 했는데 네 생각만큼 잘 되지 않은 것은 어떤 거니?"
- 3Q: "그런 마음을 통해서 네가 새롭게 해보고 싶은 것은 무엇

이니?"

- 4Q: "엄마하고 어떤 이야기를 더 나누면 네게 도움이 될까?"
- 5Q: "엄마와 얘기하는 동안 새롭게 정리된 생각을 말해주겠니?"

먼저 1Q를 통해서 아이에게 한 달 또는 일주일 동안 어떤 것을 잘 해내고 있는지에 대해 이야기 나눈다. 또는 요즘 재미있게 생각되는 것은 무엇인지 물어봐도 된다. 가장 중요한 것은 엄마가 듣기에 아주 작은 것이라도 아이가 하는 말에 아낌없이 축하해주고 기뻐해주는 일이다.

2Q에서는 아이가 하려고 했으나 마음만큼 잘 되지 않은 것은 무엇인지에 대해 이야기 나눈다. 다독임과 격려가 필요한 부분이다. 3Q와 4Q에서는 새롭게 해보고 싶은 것은 무엇인지, 또는 하고 싶은 이야기가 있다면 무엇인지 아이와 이야기 나눈다. 그 때 엄마는 아이의 마음을 조금씩 알 수 있게 될 것이다. 마지막으로, 5Q에서는 엄마와 코칭 대화를 나누는 동안 새롭게 정리되거나 떠오른 아이디어를 함께 나누는 시간을 가지게 된다.

■ 1Q "그동안 네가 잘 해내고 있는 것(성취)은 무엇이니?"

아이가 어떻게 말해야 할지 머뭇거린다 해도 절대로 재촉해서는 안 된다. 엄마의 경험을 살짝 들려주면서 아이가 생각해볼 수 있는 분위기를 만들어보는 것도 괜찮다.

"이번 주에 엄마는 네가 알다시피 순두부 끓이는 법을 마스터했어. 네가 맛있게 먹어줘서 정말 기뻤단다. 너도 기억나지? 네가 최고라고 말해주었잖아! 넌 어떤 일이 있었니?"

처음 이런 질문을 받게 되는 아이는 생각하느라 좀 시간이 걸릴 수도 있다. 기다려주고 용기를 주면 아주 작은 것이라도 아이는 마음의 주머니를 풀어놓을 것이다.

"엄마, 이번에 연휴가 길어 운동을 며칠 쉬다보니 오늘은 엄청 가기 싫었어요. 그런데 그 마음을 이겨내고 다녀왔어요. 이런 것을 말하면 되나요?"

"그랬어? 대단하구나… 엄마는 몰랐어! 운동 가기 싫은 마음이 들었는데도 운동을 다녀왔다니 네 의지가 대단한 것 같아!", "엄마라면 아마도 너처럼 하지 못했을 거야. 너의 성취에 엄마도 기분이 좋아지네!", "운동을 다녀오니 기분은 어땠니?"라는 식으로 아이가 이루어낸 일에 성취라는 단어로 옷을 입혀주면 그 위력은 대단해진다. 작은 성취의 경험들이 아이의 입을 통해서 계속 나오게 될지도 모른다.

■ 2Q "해보려고 했는데 네 생각만큼 잘 되지 않은 것은 어떤 거니?"

"사실 학교에 다녀와서 컴퓨터를 너무 많이 하는 것 같아요. 요즘 컴퓨터 게임지도를 만드는 것이 재미있어서 시간가는 줄 모르고 하고 있거든요. 엄마가 걱정하는 게 마음이 쓰이기도 하구요."

"게임지도를 만드는 것이 그렇게 재밌니? 그런데 컴퓨터를 많이 해서 엄마에게 살짝 미안한 마음도 있는 거구나."

"네, 하고 싶은 것이다 보니 시간을 조절하기가 너무 어려워요."

"그런 마음이 있었구나. 네 스스로 컴퓨터 하는 것에 많은 시간을 쓰고 있다는 것을 알고 있다는 것이 대견하다. 앞으로 잘 조절할 거라고 엄마는 믿어."

게임지도에 빠져 자신이 해야 할 것을 놓치고 있다는 것을 아이는 스스로 알고 있다. 그리고 엄마가 아무 말을 하지 않아도 아이는 미안한 마음을 갖고 있었던 것이다. 이 질문을 통해서 이루고자 하는 것은 아이의 마음속에서 스트레스와 실패감 등이 어떻게 자리 잡고 있는지를 알고, 그 찌꺼기 감정을 끄집어내어 훌훌 털어버릴 수 있도록 도와주고 격려해주기 위함이다. 결코 아이의 실패를 지적하려는 경우가 되어서는 안 된다.

■ 3Q "그런 마음을 통해서 네가 새롭게 해보고 싶은 것은 무엇이니?"

"제가 게임하는 시간을 정해볼게요. 마치는 시간을 정해서 엄마에게 알려드리면 그 때까지는 게임하는 것을 허락해주시면 좋겠어요."

"게임 시간을 정하는 것에 도전해보겠다는 거구나. 네가 꼭 지킬 거라고 엄마는 믿어."

작은 것이지만 아이 스스로 뭔가를 해보겠다고 한다. 도전이라는 단어의 옷을 입혀 아이가 스스로 하겠다고 한 것을 분명하게 표현하도록 했다. 뭔가를 새롭게 해보겠다고 말하는 아이를 아낌없이 지지하고 격려해주자.

"네가 운동하러 가는 것을 꾸준히 해나가는 의지도 대단하고, 이제는 힘들지만 시간을 정해서 컴퓨터를 하겠다는 생각을 했구나. 엄마는 그런 생각을 한 네가 참 기특하다."

■ 4Q "엄마하고 어떤 얘기 더 나누면 네게 도움이 될까?"

"엄마, 이번에 중간고사 성적도 꽤 내려가니까 점점 공부하기가 싫어져요. 공부는 하기 싫은데 여러 가지 걱정은 돼요."

"많이 걱정하고 있구나. 공부는 하기 싫은데 성적은 올리고 싶은 마음은 있다는 거구나?"

아이가 공부는 하기 싫은데 걱정을 하고 있다는 것은 성적을 올리고 싶다는 생각이 마음속에 깊이 자리 잡고 있어서이다.

"그렇구나. 엄마도 너만 할 때 정말 공부하기 싫었어. 그런데 좀 전에 네가 말한 그 걱정에 대해서 무척 궁금한데 이야기를 좀 더 해줄 수 있겠니?"

"음… 내가 친구들보다 뒤지게 되는 거요."

"친구들에게 뒤지게 될까봐 걱정하고 있었구나. 또 어떤 걱정이 있니?"

"자꾸만 공부를 더 안 하게 되는 것도요."

"저런! 공부를 더 안 하게 되는 것이 걱정되는구나. 또 다른 걱정이 있니?"

"이대로라면 대학에 갈 수 있을까 싶어서요…"

"대학에 대해서도 생각을 하고 있었던 거구나. 그런데 엄마가 너의 걱정들을 들어보니 그 속에는 뭔가 이루어내고 싶어 하는 마음속 열망이 담겨 있는 것 같은데, 너의 생각은 어떠니?"

아이는 자신의 현재 상황에 대해서 이야기하게 되었고, 마음속에서 뒹굴고 있던 걱정들과 하나씩 만나게 되었다. 엄마와 코칭 대화를 하는 동안 무의식적으로 회피하고 있었던 자신의 힘든 상황과 직면하게 된 것이다. 계속 마음을 무겁게 하고 있던 걱정들을 엄마에게 뱉어냄으로써 오히려 후련한 마음이 들기도 했을 것이다. 바로 이때 엄마는 아이의 걱정하는 마음과 아이의 마음속 열망을 연결해낸다. 코치엄마는 아이의 마음속에서 반짝거리는 열망을 알아차릴 수 있기 때문이다. 걱정에 빠져 보지 못하고 있는 마음속 작은 열망을 아이가 알아차릴 수 있도록 플래시를 비쳐준 것이다. 좀 더 코칭 대화를 진행하게 되면 아이는 마음속 열망과 연결된 자신의 작은 목표를 스스로 세울 수 있게 된다.

■ 5Q "엄마와 얘기하는 동안 새롭게 정리된 생각을 말해주겠니?"

"엄마, 제가 말은 안 하고 있었지만 마음속에 여러 가지 걱정이 있다는 것을 알게 되었어요. 그래서 오히려 컴퓨터 하는 시간에 더 많이 빠져 있게 되는 것 같아요. 엄마에게 말하고 나니 마음이 꽤 후련해졌어요."

"그랬구나. 마음이 후련할 정도라니… 그랬다니 정말 다행이야. 엄마는 네가 스스로 그런 것들을 느끼고 있는 것만으로도 대단하다고 생각해. 네가 원하는 것을 이루기 위해서 함께 좀 더 생각해보자."

우리 작은아이와 고등학교 1학년 때 나눈 대화이다. 나는 아이의 눈을 마주하며 1시간 이상을 오직 아이의 마음에 귀를 기울이며 대화를 했다. 이것은 나 스스로도 대단한 일이었다. 아이가 마음에 있던 걱정을 말하고, 자신의 생각들을 정리할 수 있도록 도울 수 있었음에 감사했다. 바로 코칭 대화의 위력이다.

코치력을 훈련하면 코칭 대화가 가능해진다. 그리고 아이의 파트너가 되어 언제까지나 아이를 지지하고 격려해주는 든든한 후원자가 되어줄 수 있다. 이제 한 단계 더 나아가 아이가 스스로 목표를 세우고 실천하도록 돕는 코칭 대화를 경험해볼 것이다.

9. 코칭 대화 – 마음의 성장을 돕는 대화

우리는 지금까지 코치력에 대해 많은 이야기를 나누며 코칭 기술과 단계별 코칭 대화에 대해 살펴보았다. 아이와 마음을 연결해 깊은 신뢰를 쌓고, 공감 대화로 한 계단씩 아이 마음의 사다리에 올라가기 시작한 것이다. 이제부터는 그동안 훈련한 엄마의 코치력과 코칭 기술이 최고로 발휘될 수 있는 코칭 대화를 살펴볼 것이다. 엄마가 코치로서 어떻게 아이의 마음이 성장하도록 대화를 나누는지 경험해보도록 하자.

마음의 성장을 돕는 코칭 대화는 'GROW 코칭 대화 모델'을 활용하여 대화를 진행해 나갈 것이다. 이것은 아이가 스스로 자신의 목표를 세우고, 그 목표를 이루기 위한 작은 실천들을 찾아내어 하나씩 성취해나가도록 돕는 대화 방식이다. 코칭의 꽃은 아이가 작은 실천을 해나가는 동안 엄마가 아이의 파트너로서 상호책임을 실천해나가는 일이다. 지지와 격려를 아끼지 않으며, 어떠한 경우에도 아이를 온전히 믿는 최고의 파트너가 되어주는 일이다.

이제부터 GROW 코칭 대화 모델을 따라가면서 코칭 대화를 해보자. 이 대화를 자연스럽게 사용하기 위해서는 앞으로 많은 훈련이 필요할 수도 있다. 하지만 엄마들은 코치적인 자질을 이미 가지고 있으며, 그동안 코치력을 훈련함으로써 꾸준히 성장해왔기 때문에 걱정하지 않아도 된다.

GROW 코칭 대화 모델에 따라 대화하기

- **마음 열기** : "어떤 기분 좋은 일이 있었는지 궁금해지네?"
- **G**^{Goal}**(목표)** : "하고 싶은 일이 있다면 어떤 것이 있니?"
- **R**^{Reality}**(현실)** : "친구와 사이좋게 지내고 싶은데 어떤 어려운 점

이 있니?"

- O^{Option}**(방법)** : "그런 어려운 일이 있지만, 친구와 사이좋게 지내기 위한 어떤 좋은 방법이 있을까?"
- W^{Will}**(의지)** : "그 중에서 가장 먼저 해보고 싶은 것 한 가지를 선택한다면 어떤 것을 해보겠니?"
- "엄마와 얘기하는 동안 어떤 생각이 좀 더 새롭게 정리가 되었니?"

처음부터 "오늘 어떤 목표를 세워볼까?"라고 바로 질문을 한다면 아이들은 당황스러워하고 거부감을 느낄 수 있다. 그러므로 아이의 마음을 열게 하는 잔잔한 얘기를 하면서 대화를 시작하면 된다. 또는 앞에서 다룬 5Question에 따라 이야기를 시작해도 좋다. 기억해야 할 것은 공감과 마음 열기가 끊임없이 계속되어야 한다는 것이다.

■ 마음 열기

"며칠 전에 네가 꽤 기분이 좋아 보였는데, 어떤 기분 좋은 일이 있었는지 궁금해지네?"

"별 일은 아니에요. 친구들과 체육대회에 대한 의논을 했는데, 의견이 잘 맞아서 기분이 좋았어요."

"그랬구나. 친구들과 의견이 잘 맞아서 기분이 좋았던 거구나."

"네, 이번 체육대회가 정말 기대가 돼요!"

"그래! 파이팅! 엄마도 응원할게!"

■ G^{Goal}(목표)

"하고 싶은 일이 있다면 어떤 것이 있니?"

"음~ 반 친구들과 사이좋게 지내고 싶어요."

"반 친구들과 사이좋게 지내고 싶은 거구나. 엄마도 네가 그렇게 된다면 정말 좋겠다."

■ R^{Reality}(현실)

"친구와 사이좋게 지내고 싶은데 어떤 어려운 점이 있니?"

"공부 열심히 하는 친구들은 쉬는 시간에도 공부만 해요. 그래서 이야기할 틈이 별로 없어요."

"친구들과 이야기할 틈이 없구나. 또 어떤 점이 어렵니?"

"장난치는 친구들은 어슬렁거리며 자꾸 친구들을 이리저리 건드려요."

"저런! 친구들이 이리저리 건드려서 속상하구나. 또 어떤 어려운 점이 있니?"

"엄마, 제가 욱하는 성격이 있어 참지를 못하고 날카로운 한마디를 날려요. 그러고 나면 그 친구하고도 사이가 나빠지지만, 다른 친구들 보기에도 제가 성질부린 것 같아서 기분이 매우 안 좋아져요."

"그랬구나! 욱하고 나서 얼마나 기분이 안 좋았을까!"

"네, 엄마. 정말 그래요."

■ O^{Option}(방법)

"그런 어려운 일이 있지만, 친구와 사이좋게 지내기 위한 어떤 좋은 방법이 있을까?"

"장난치는 친구들을 이해하도록 해야겠어요. 나쁜 친구들은 아닌데 제가 좀 예민하게 구는 것 같기도 해요."

"와, 친구의 장난을 이해해보겠다는 거구나. 또 어떤 방법이 있을까?"

"애들이 장난치면 그냥 무시해버리겠어요. 화장실로 가버린다든가 무표정하게 있든가 말이에요."

"하하하, 무시하는 방법으로 무표정하게 있는 방법도 있구나. 한 가지 더 다른 방법을 생각해본다면 어떤 것이 있을까?"

"음~ 웃는 방법을 연구해봐야겠어요. 우리 반에 친구들의 어떤 장난에도 웃기만 하는 친구가 있어요. 그러니까 아무 일도 안 생기더라고요. 여러 가지 웃음을 한 번 생각해봐야겠어요."

"웃는 법을 연구하겠다니, 정말 기발한 방법이구나."

■ W^{Will}(의지)

"그 중에서 가장 먼저 해보고 싶은 것 한 가지를 선택한다면 어떤 것을 해보겠니?"

"웃는 법을 연구해봐야겠어요. 우리 반의 웃기만 하는 친구한테 가서 물어볼게요."

"멋지구나. 정말 기대된다. 엄마한테도 알려줄 거지?"

■ "엄마와 얘기하는 동안 어떤 생각이 좀 더 새롭게 정리가 되었니?"

"엄마, 저는 해야 할 말을 하는 것은 옳은 행동이라고 생각해요. 하지만 욱하고 말하는 것은 좋은 게 아니라는 생각이 들었어요. 내 기분도 안 좋아지고, 친구들과도 멀어지게 해요. 그것을 알면서도 매번 참지 못했거든요. 웃는 방법을 연구해야겠다는 생각이 꽤 마음에 들어요."

"그런 생각을 했다니 대단해! 웃는 법이 정말 기대가 되는 걸!"

[마음 열기]에서 아이에게 관심을 가지고 이런 저런 질문을 던지다 보면 아이의 관심사와 연결되는 이야기가 하나 정도는 있기 마련이다. "요즘 어떤 게 가장 재미있니?", "누구랑 가장 친하게 지내니?", "어떤 것을 좀 배워보고 싶니?" 이렇게 아이와 대화를 시작한다.

어느 정도 한 가지의 주제로 접어들 때쯤에는 [Goal, 목표]의 질문으로 넘어간다. "하고 싶은 것이 있다면 어떤 것이 있니?", "요즘 관심이 있는 것은 무엇이니?", "어떤 목표를 한 번 세워볼까?"라고 하면서 아이가 스스로 원하는 목표를 세워보도록 하는 시간이다.

어떤 목표든 아이가 목표를 세우면 아낌없이 축하해주고 기뻐해주어야 한다. 스스로 목표를 세웠다는 것만으로도 상당히 주도적인 사고를 했다는 것을 의미하기 때문이다.

[Reality, 현실]은 목표를 이루어가는 데 현실적으로 어떤 어려움이 있는지에 대해 이야기 나누는 시간이다. 어렵게 느껴지는 것을 하나씩 떠올려보고 스스로의 한계를 인식하도록 하는 시간으로, 코칭 대화에서 매우 중요한 장면이다. 사실 어려운 점을 이야기하게 되면 아이의 에너지가 많이 떨어질 수 있다. 충분한 공감과 격려로 에너지를 유지할 수 있도록 도와야 한다.

[Option, 방법]에서는 어려운 점이 있음에도 불구하고 목표를 이루기 위한 방법들을 생각해보게 하는 시간이다. 실천방안을 최소 3가지 이상을 찾도록 돕는다. 아이가 생각하는 시간이 길어져도 충분히 기다려줘야 한다. 실천방안을 찾는 시간이야말로 아이의 생각이 일어나는 강력한 순간이기 때문이다. 이 때 아이가 생각해낸 방법이 다소 어설프더라도 따뜻한 지지와 격려를 해줄 수 있어야 한다.

[Will, 의지]에서는 아이가 말했던 실천방안 중 가장 먼저 실행할 한 가지를 선택하도록 한다. 또 아이의 실행의지를 약속하는 단계이기도 하다. 지금까지의 코칭 대화의 최종 목적지이며, 엄마의 전폭적인 지지와 격려가 이루어져야 하는 지점이기도 하다. 엄마는 파트너로서 아이가 선택한 실천방안이 잘 이루어지도록 어떤 부분을 도와줄지를 물어보며 힘을 실어준다.

[새롭게 정리된 생각]에서는 전체적으로 엄마와의 코칭 대화를 통해서 일어난 생각을 최종적으로 정리하면서 각오를 말하는 시간이다. 아이 스스로 정리된 생각을 마무리하도록 돕는다.

앞의 대화 역시 작은아이가 고등학교 1학년이 마무리되던 시점에 나누었던 대화이다. 지금도 작은아이가 그 때 생각해낸 코믹한 웃음을 보여주면 우리 가족은 웃음바다가 된다. 그 날의 대화를 통해서 아이가 고민을 모두 해결하고, 원하는 만큼 많은 친구를 사귀게된 것은 아니다. 나는 아이가 코칭 대화를 통해서 스스로 목표를 세워보고, 자신이 할 수 있는 실천방안을 찾아보고, 시도해본 것에 큰의미가 있다고 생각한다. 나 역시 아이의 관심사에 대해 깊이 있는 대화를 나눌 수 있었으므로 의미 있는 성과를 이룬 것이다.

어릴 때부터 코칭 대화를 접하면서 자란 아이는 주도적으로 자신의 삶을 이끌어갈 가능성이 높다. 스스로 목표를 세우고 실천하면서 마음근육을 키워나가기 때문이다. 또 아이는 온몸으로 엄마의지지와 응원을 받으며 자라기 때문에 작은 실패에도 굴하지 않고 전진해나가는 마음의 힘을 단단하게 갖출 수 있게 된다.

코치력을 갖춘 엄마는 아이를 코칭 에너지 속에서 자라게 한다. 가능한 한 아이가 10대가 되기 전부터 코치엄마가 될 준비를 하라. 코치력을 훈련하라. "재주가 덕을 넘지 못하게 하라"라는 말이 있듯이 엄마의 코칭 에너지가 대화의 기술보다 훨씬 중요하다. 다시 말해 존중과 믿음, 진정성 있는 코치력이 코칭의 대화 기술보다 더 충만하게 갖추어져야만 코칭의 진정한 성과를 이룰 수 있다. 엄마의 충만한 코치력은 아이가 사춘기를 지나 성인이 되어 삶의 주인으로 살아가도록 돕는 특별한 선물이 되어줄 것이다.

질문사고

Q. 평소 당신이 아이에게 말하는 방식은 어떠한가요?

Q. 당신은 아이가 말할 때 어떤 방식으로 듣나요?

질문
사고

질문은 늘 우리 마음속에서 함께하고 있다. 지금 이 순간에도 우리가 하고 있는 많은 행동들을 살펴보면, 내면에서 일어난 질문의 반응이라고 할 수 있다. '오늘은 어떤 옷을 입지?', '점심식사로 어떤 음식을 먹을까?', '오늘 저녁 반찬은 무엇으로 하지?' 등과 같이 무의식적으로 떠올랐던 질문에 답하는 동안, 당신이 지금 입고 있는 옷이 선택되었을 것이고, 점심식사를 했으며, 저녁 찬거리를 준비했을 것이다.

이렇듯 평소 우리가 던지는 질문의 양과 질이 우리의 삶에 막강한 힘을 미치고 있음은 두말할 나위가 없다. 그럼에도 불구하고 우리는 아이에게 '이것해라, 저것해라' 라는 지시하는 말이 대화의 대부분을 차지하고 있지는 않은지 깊이 생각해볼 필요가 있다.

사춘기 아이들은 엄마의 말을 모두 듣기 싫은 잔소리로 치부해 버리기 일쑤다. 엄마가 잔소리를 많이 해왔다면, 아이의 머릿속에는 엄마 말소리는 모두 잔소리로 해석해버리는 회로가 형성되어 있는 것이다. 잔소리를 줄이고 질문하는 습관을 형성하면 좀 더 효과적으로 아이들의 행동을 이끌어낼 수 있다. 우리 마음속에 이미 익숙해 있는 질문사고를 이제 실제 행동에서 사용해보도록 노력해보자.

Practice 1) ~ 한다면 어떨까?

- '~해라' 라는 표현 대신 '~하게 되면 어떤 좋은 점이 있을까?'라는 질문으로 바꾸어보라.
  예) 교복 좀 옷걸이에 정리해라.
  → 얘야, 교복이 옷걸이에 정리되어 있다면, 넌 어떤 기분이 들까?

예) 책상이 왜 이렇게 어지럽니? 제발 좀 치워라.

　　→ 책상이 잘 정리되어 있으면 어떤 점이 좋을까?

　　그 때 어떤 기분이 들까?

예) 게임 좀 제발 그만해라.

　　→ 게임한 뒤에는 무엇을 할 계획이니?

※ 질문은 아이에게 생각할 기회를 제공하고 스스로 해결할 방법을 찾도록 돕는다. 어느새 교복도 책상도 잘 정리되어 있는 모습을 보게 될 것이다.

질문 사고

● 평소에 자주하는 '~해라'를 질문으로 바꾸어보자.

* ＿＿＿＿＿＿＿＿＿＿ → ＿＿＿＿＿＿＿＿＿＿

* ＿＿＿＿＿＿＿＿＿＿ → ＿＿＿＿＿＿＿＿＿＿

Practice 2) 그랬구나. 그래서 어떻게 되었니?

● 아이가 말을 할 때는 눈을 바라보며 '그랬구나. 그래서 어떻게 되었니?' 라는 공감과 질문으로 듣고 있음을 알려주자.

코치력은 사랑이다

홀어머니를 모시고 살아가던 한 청년이 그만 교통사고를 당해 두 눈을 잃게 되었습니다. 청년은 어머니의 정성스런 위로와 간호에도 불구하고 깊은 상실감에 빠져 있었습니다. 그러던 어느 날 한쪽 눈을 기증 받게 되었다는 소식을 듣게 되었습니다. 그러나 청년은 크게 기뻐하지 않았습니다. 두 눈을 다 기증받아 예전과 같아지기를 고대했기 때문입니다.

"얘야. 한쪽이라도 어떠냐. 그래도 수술을 받으려무나."

청년은 어머니의 간청에 못 이겨 수술을 받았습니다.

그리고 붕대를 풀던 날, 그 청년은 왈칵 울음을 쏟아냈습니다. 어머니의 한쪽 눈이 없었기 때문입니다. 하지만 어머니는 아들을 보며 이렇게 말했습니다.

"얘야. 두 눈을 다 주고 싶었지만, 이다음에 앞 못 보는 어미를 네가 돌봐야 할 걸 생각하니 그럴 수가 없었단다."

– 정호승의 산문집 《내 인생에 힘이 되어준 한마디》에서

두 눈을 다 내어주지 못했음을 안타까워하는 어머니의 말에 가슴이 뭉클해진다. 아이에게 모든 것을 다 주어도 아깝지 않은 마음이 바로 엄마의 마음이 아닐까! 이 책을 읽는 엄마들도 누구 못지않은 깊은 사랑의 마음을 가지고 있으며, 매일매일 어떻게 하면 아이에게 사랑을 전해줄 것인지를 생각하며 살아가고 있을 것이다.

나도 첫아이를 낳고서 어설픈 몸짓으로 아이를 안았을 때, 그 때는 내가 한 아이의 엄마가 되었다는 것이 얼마나 큰 축복인지 몰랐다. 지금은 내가 원하든 원하지 않든 아이는 내 삶의 가장 중심자리를 독차지했다. 엄마가 된 후, 삶의 거의 모든 부분은 아이를 중심으로 이루어져 왔다고 해도 과언이 아닐 것이다.

아이가 내게 오지 않았다면, 지금 내가 알고 있는 수많은 경험과 행복이 내 것이 되었을까? 아이에게 맛난 것을 먹이기 위해 요리를 배우고, 마트에서 신선한 재료를 찾고, 아이의 옷을 사면서 쇼핑의 즐거움을 누렸다. 또 좋은 엄마가 되기 위해 책을 읽었고, 아이의 성장통에 아팠던 시간만큼 성찰하고 성장하는 순간이 있었다. 내게 아이가 오지 않았다면 이 모든 것들을 어떻게 누릴 수 있었을까! 아이를 키우는 동안 웃고, 울고, 기뻐하고, 실망하고, 아파했던 과정들이 모두 내 삶이었다. 그리고 그 과정을 지나오면서 조금씩 어른

이 되었다.

아이는 내가 더욱 빛나는 삶을 살 수 있도록 무한한 에너지원이 되어주었다. 이 책을 쓰게 된 것도 작은아이의 한 마디 말이 마중물 해주었기에 가능했다. 둘이서 저녁을 먹던 어느 날, 아이는 나에게 불쑥 질문을 던졌다.

"엄마는 책을 많이 읽으니까, 이제 엄마가 책을 써보는 것은 어떠세요?"

"엄마가? 할 수 있을까?"

"네, 하면 되지요. 엄마. 그런데 엄마는 책을 쓴다면 어떤 장르를 써보고 싶으세요?"

아이는 나의 관심사에 불을 밝혀주었고, 나의 가능성에 힘을 실어주었다. 아이의 순수하고 호기심어린 질문은 책을 쓰고 싶다는 작은 소망에 플래시를 비추었던 것이다. 마음속에 희미하게 존재하던 소망의 씨앗이 몇 달 뒤 실제로 싹을 틔우게 되었다. 바로 작은아이의 순수한 질문 한마디가 이루어낸 성과였다.

아이는 존재 자체만으로도 이미 나에게 과분한 사랑을 주고 있었다. 한쪽 눈을 주었던 어머니의 고귀한 사랑처럼, 이 세상의 모든 것은 결국 사랑으로 시작하고 사랑으로 귀결된다. 세계적인 경영 컨설턴트인 켄 블랜차드^{Ken Blanchard}는 "우리가 생을 마칠 때 가지고 갈 수 있는 것은 타인에 대한 사랑, 그리고 타인으로부터 받은 사랑이다"라고 단언했다. 코치력은 사랑이다. 엄마의 코치력에는 아이에 대한 사랑과 존중의 에너지가 담겨 있으며, 그 에너지는 고스란히 아이에게로 스며든다. 그리고 다시 엄마 자신에게로 돌아온다. 사랑과 존중이 담긴 코치력으로 아이에게 무한한 에너지를 주는 탁월한 코치엄마들이 되길 진심으로 소망한다.

코칭하는 엄마의 코치력 6주 프로그램
(Coaching Magic_InU)

1. 코칭하는 엄마의 코치력을 향상시키는
[Coaching Magic_InU]

1) 프로그램의 목적

[The Magic In Us] 코칭 프로그램은 "모든 사람은 창의적이며 스스로 해결할 수 있는 자원을 가지고 있으며 온전한 존재라고 믿는다"라는 코칭 철학과, 코칭 핵심 역량을 바탕으로 많은 엄마들이 자녀와 행복하고 원만한 관계를 이루어나갈 수 있도록 엄마의 코치력을 향상시키고 발휘하는 것을 목적으로 합니다.

2) 기대효과

• 코칭 핵심 역량들을 이해하고 자녀와의 관계 속에서 코칭 에너

지의 장을 형성하게 됩니다.

- 엄마 자신과 자녀가 지닌 각각의 재능과 강점, 선호 경향을 깊이 들여다봄으로써 서로를 이해하고, 내면의 동기와 욕구에 직면하게 됩니다.

- 코칭 대화기술을 습득함으로써 자녀와 효과적인 커뮤니케이션을 할 수 있는 코칭 역량을 익히게 됩니다.

- 엄마 자신의 삶과 꿈을 새롭게 디자인함으로써 스스로 셀프 코칭할 수 있으며, 더 나아가 자녀에게 동기부여를 하고 열정을 나눌 수 있는 역량을 갖게 됩니다.

- 코칭 대화 프로세스를 익히고 적용함으로써 자녀와 원만한 관계뿐 아니라, 자녀의 잠재력을 최대한 이끌어낼 수 있는 코칭력을 완성하게 됩니다.

2. 코칭하는 엄마의 코치력 Coaching Magic_InU

(6주 프로그램)

	주 제	내 용
Module 1	Moving (마음연결하기)	코치력의 핵심 역량 이해 코칭 에너지의 장 만들기 Practice
Module 2	Awakening (직면하기)	자녀 들여다보기 엄마 들여다보기 (강점과 특성, 내면의 마음)
Module 3	Gaining (역량 쌓아올리기)	보탬도 뺌도 없이 듣는 기술 호기심을 품은 질문 기술 지혜로운 피드백 기술 Practice
Module 4	Inspiring (열정 끌어올리기)	Dream Design Self Coaching SEA로 열정 끌어올리기 Practice
Module 5	Coaching (코칭하기)	코칭 적용하기 Grow 대화 모델 익히기 Practice
Module 6	In_Upgrade (후속학습)	코칭 역량 한 단계 더 올리기

참고도서

- 말콤 글래드웰, 《아웃라이어》(김영사, 2009)
- 허선화, 《믿는 대로 말하는 대로 크는 아이》(소울하우스, 2017)
- 스티븐 코비, 《성공하는 사람들의 7가지 습관》(김영사, 2003)
- 어거스트 홍, 《카네기 자녀 코칭》(흐름출판, 2012)
- 볼프강 펠처, 《부모가 된다는 것》(지향, 2007)
- 안드레스 라라, 《개구리 크림통에서 벗어나기》(사이더스, 2003)
- 폴정, 《바라보면 가슴 뛰는 것들》(아시아코치센터, 2012)
- 다이애나 해스킨스, 《자녀를 성공시키려면 코치가 되라》(아시아코치센터, 2005)
- 유은정, 《아이의 마음을 여는 공감 대화》(푸른육아, 2010)
- 김현옥, 《공감》(비전과 리더십, 2014)
- 김정택, 심혜숙, 《MBTI Form M 매뉴얼》(㈜어세스타, 2013)
- 리처드 윌리엄스, 《피드백 이야기》(토네이도, 2012)
- 이지성, 《리딩으로 리드하라》(문학동네, 2010)
- 강현식, 박지영, 《그 어머니들의 자녀교육 심리》(대교출판, 2009)
- 버락 H. 오바마, 《담대한 희망》(랜덤하우스코리아, 2007)
- 문용린, 《지력혁명》(비지니스북스, 2009)
- 이성호, 《부모가 하지 말아야 할 21가지 말》(이너북스, 2011)
- 김용욱, 《몰입의 법칙》(21세기북스, 2008)
- 웨인 다이어, 《행복한 이기주의자》(21세기북스, 2006)
- 대니얼 골먼, 《감성의 리더십》(청림출판, 2003)
- 지그 지글러, 《긍정적인 아이로 키우기》(산수야, 2008)
- 오프라 윈프리, 《내가 확실히 아는 것들》(북하우스, 2014)
- 강상구, 《그 때 장자를 만났다》(흐름출판, 2014)
- 정연식, 《꿈을 이루어주는 세 개의 열쇠》(더난출판사, 2009)
- 이토 아키라, 《코칭 대화기술》(김영사, 2005)
- 폴정, 우수명, 《5R 코칭 리더십》(아시아코치센터, 2017)
- 정진우, 우수명, 《부모 코칭》(아시아코치센터, 2007년)
- 클로테르 라파이유, 《컬처코드》(리더스북, 2007)
- 잭 캔필드와 피터 치, 《불가능을 가능하게 만드는 코칭 파워》(매일경제신문사, 2013)
- 정호승, 《내 인생에 힘이 되어준 한마디》(비채, 2006)
- 오은영, 《내 아이가 힘겨운 부모들에게》(녹색지팡이, 2015)
- 조신영. 박현찬, 《경청》(위즈덤하우스, 2007년)
- 마릴리 애덤스 《삶을 변화시키는 질문의 기술》(김영사, 2005)

사춘기를 단번에 날려버리는 엄마의 코치력

지은이 | 신정이
펴낸이 | 박영발
펴낸곳 | W미디어
등록| 제2005-000030호
1쇄 발행 | 2018년 2월 2일
주소 | 서울 양천구 목동서로 77 현대월드타워 1905호
전화 | 02-6678-0708
e-메일 | wmedia@naver.com

ISBN 978-89-91761-99-5 (03330)

값 13,800원